Rosemarie Steinhage

Sexueller Mißbrauch an Mädchen

Ein Handbuch für Beratung und Therapie

Rowohlt

Originalausgabe
Veröffentlicht im Rowohlt Taschenbuch Verlag GmbH,
Reinbek bei Hamburg, Mai 1989
Copyright © 1989 by Rowohlt Taschenbuch Verlag GmbH,
Reinbek bei Hamburg
Redaktion Heike Wilhelmi
Umschlaggestaltung Erasmi & Stein
Satz Times (Linotron 202)
Gesamtherstellung Clausen & Bosse, Leck
Printed in Germany
880-ISBN 3 499 18582 2

Inhalt

Zur Entstehung dieses Buches

Das vorliegende Buch ist eine Zusammenstellung verschiedener Vorträge zur Problematik des sexuellen Mißbrauchs an Mädchen, die ich auf Kongressen und Tagungen gehalten habe. Es stellt den sexuellen Mißbrauch an Mädchen aus der Sicht der betroffenen Mädchen und Frauen dar. Alle Überlegungen und konkrete Hilfen, die zur Beendigung der sexuellen Übergriffe und zur Veränderung der Situation der Mädchen (bzw. Frauen) führen, wurden aus deren Perspektive erarbeitet und über Jahre praktisch erprobt.

Die neue Frauenbewegung sensibilisierte Anfang der 80er Jahre die Öffentlichkeit für die Problematik der «Männergewalt gegen Frauen»; sie machte auch den sexuellen Mißbrauch an Mädchen öffentlich. Seitdem wagen es immer mehr Mädchen und Frauen über die sexuelle Gewalt, die ihnen in ihrer Kindheit angetan wurde, zu sprechen. Professionelle, die mit Mädchen und Frauen arbeiten, sind jedoch weitgehend hilflos im Umgang mit der Problematik.

Es gibt meines Wissens keine adäquaten deutschsprachigen Handreichungen für soziale, pädagogische und psychologische Fachkräfte. So war es kein Wunder, daß sich die Anfragen nach den Manuskripten meiner Vorträge und Aufsätze häuften. Da das Verschicken sehr viel Zeit in Anspruch nahm, entstand die Idee, diese in einem Buch zusammenzufassen.

Leider konnten nicht alle Aspekte des sexuellen Mißbrauchs an Mädchen berücksichtigt werden. Es fehlen z. B. Informationen über den sexuellen Mißbrauch an ausländischen Mädchen sowie

Handreichungen über den Umgang mit behinderten Mädchen, die aufgrund ihrer Abhängigkeit und Wehrlosigkeit besonders gefährdet sind, mißbraucht zu werden. Die Problematik des sexuellen Mißbrauchs an Jungen (vgl. Kap. VII) bedarf eigenständiger Untersuchungen, da sie sich vom sexuellen Mißbrauch an Mädchen unterscheidet.

Rosemarie Steinhage

I. Was professionelle HelferInnen über sexuellen Mißbrauch wissen sollten

Einleitung

Es ist ein Verdienst der Frauenbewegung, daß die Problematik des sexuellen Mißbrauchs an Mädchen innerhalb der Familie – aus den USA kommend – auch in der Bundesrepublik ins Licht der Öffentlichkeit geriet.

Die neue Frauenbewegung sensibilisierte die Öffentlichkeit für das Thema «Männergewalt gegen Frauen». In ihrer Arbeit mit geschlagenen und vergewaltigten Frauen kristallisierte sich heraus, daß auch Mädchen jeden Alters Aggressionen und Gewalt durch Männer ausgesetzt sind. Eine bittere Erkenntnis der Arbeit von Frauen ist: Die brutalste Gewalt von Männern gegen Mädchen spielt sich in der Regel im häuslichen Rahmen ab. Täter sind in den meisten Fällen Männer, die für das jeweilige Mädchen eine Vaterrolle übernommen haben: Väter, Stief-, Adoptiv- und Pflegeväter, Freunde der Mutter, aber auch Großväter und Brüder. Gewalt innerhalb der Familie ist nicht zuletzt deshalb besonders heimtückisch und gemein, weil das gesellschaftliche Bild über die Familie, das Mädchen vermittelt wird, besagt: die Familie ist der Ort, der Kindern Schutz vor Bedrohung und Geborgenheit gibt. In der Familie können sich Kinder sicher fühlen. Mädchen lernen darüber hinaus: Bedrohung, Gefahren und sexuelle Gewalt gehen von fremden Männern aus. «Geh nie mit einem Fremden mit.» Bei deinen Eltern und anderen vertrauten Personen bist du sicher. Tatsache ist aber: Bedrohung und sexuelle Gewalt erfahren Mädchen in der Regel innerhalb der Familie durch Vaterfiguren und andere männliche Vertraute. Das macht es Mädchen so schwer, sich Dritten mitzuteilen.

So neu wie das Sprechen über dieses Thema, so neu ist auch der Umgang damit in Beratung und Therapie. Mädchen und Frauen, die von Familienmitgliedern sexuell mißbraucht wurden, wagen es immer häufiger, über ihre traumatischen Kindheitserfahrungen zu sprechen. Professionelle HelferInnen werden daher zunehmend mit der Problematik des sexuellen Mißbrauchs an Mädchen konfrontiert. Sie sind jedoch nur selten darauf vorbereitet, weshalb sie das Erzählte oft überhören, bagatellisieren, es als Phantasie abtun oder der Klientin Gefallen daran unterstellen. Nur wenige sind in der Lage, mit dieser Thematik adäquat umzugehen. Dieses Buch soll ihnen die Arbeit mit betroffenen Mädchen und Frauen erleichtern.

Generell lassen sich im Umgang mit der Problematik zwei Hauptströmungen erkennen:

Sexueller Mißbrauch an Mädchen innerhalb der Familie wird im Kontext von Kindesmißhandlung und -vernachlässigung gesehen. Das ist z. B. die Betrachtungsweise des Deutschen Kinderschutzbundes und auch der meisten Erziehungsberatungsstellen. Beide betrachten den sexuellen Mißbrauch als eine vorübergehende Familienkrise (Frank & Stachiw 1984) oder als Symptom eines dysfunktionalen Familiensystems (Furniss 1986a & 1986b; Giaretto 1982). Der Schwerpunkt ihrer Arbeit liegt auf der Wiederherstellung der Funktionstüchtigkeit der Familie, weshalb in den meisten Fällen familientherapeutisch gearbeitet wird (vgl. Kap. IV).

Feministinnen analysieren den sexuellen Mißbrauch an Mädchen im Zusammenhang mit der Gewalt gegen Frauen. Die Ursache sexueller Gewalt an Mädchen liege nicht im dysfunktionalen Familiensystem, sondern in der patriarchalischen Struktur unserer Gesellschaft und der geschlechtsspezifischen Sozialisation von Frauen und Männern (Brownmiller 1980; Rush 1982). Sexuelle Übergriffe durch männliche Familienmitglieder gehören nach US-amerikanischen Untersuchungen zum Alltag jedes vierten Mädchens, so wie die Angst vor Vergewaltigung reale Angst jeder Frau ist. Der Schutz der betroffenen Mädchen vor weiteren sexuellen Übergriffen und weiterer Viktimisierung stellt für Feministinnen den wichtigsten Ansatzpunkt ihrer Arbeit dar.

Die Grundlage dieser Ausführungen bildet zunächst meine wissenschaftliche Untersuchung über die Auswirkungen von sexuellem Mißbrauch an Mädchen innerhalb der Familie, in deren Rahmen ich mit fast 200 Frauen über die sexuellen Übergriffe sprach, die sie als Mädchen von männlichen Familienmitgliedern, hauptsächlich von Vätern und Stiefvätern, ertragen mußten. Darüber hinaus basieren die Ausführungen auf den Erfahrungen aus meiner Tätigkeit als Beraterin und Therapeutin bei Wildwasser Wiesbaden e. V., einer Beratungsstelle für Mädchen und Frauen, die in ihrer Kindheit sexuell mißbraucht wurden.

Das Vorkommen von sexuellem Mißbrauch an Mädchen

Nach Statistiken des Bundeskriminalamtes werden jährlich ca. 10 000 Fälle von sexuellem Mißbrauch an Kindern (§ 176 StGB) angezeigt. Die Anzahl der exhibitionistischen Vorfälle beträgt zusätzlich etwa 10 000 jährlich (Polizeiliche Kriminalstatistik 1987). Die Dunkelziffer bei sexuellem Mißbrauch an Kindern (ohne exhibitionistische Handlungen) wird 20–30 mal so hoch geschätzt; d. h. jährlich werden in der Bundesrepublik etwa 200 000–300 000 Kinder sexuell mißbraucht.

Die Täter

Sexueller Mißbrauch an Kindern ist ein Delikt, das fast ausschließlich, nämlich zu 98 %, von Männern begangen wird (Polizeiliche Kriminalstatistik 1987). In den allermeisten Fällen sind die Täter den Kindern schon vor der Tat bekannt, nur ca. 6 % sind ihnen völlig fremd (Baurmann 1983, S. 13). Häufig sind es Familienangehörige: Väter, Stiefväter, Großväter, Brüder und Onkel. Geschieht der sexuelle Mißbrauch innerhalb der Familie, so handelt es sich in 50–75 % aller Fälle um einen Mißbrauch des Vaters oder

Stiefvaters an der Tochter (Finkelhor 1984, S. 164; Furniss 1986a, S. 336; Trube-Becker 1982, S. 114). Die Täter stammen aus allen sozialen Schichten: Es sind sowohl Lehrer, Sozialarbeiter, Ärzte und Hochschulprofessoren, Pfarrer als auch Facharbeiter und Arbeiter (Groth 1982, S. 215; Trube-Becker 1982, S. 115). Öffentlich bekannt werden allerdings meist nur die Fälle, in denen der Täter ein Fremder ist oder in denen er der unteren sozialen Schicht angehört. Je enger die verwandtschaftliche Beziehung (zwischen Täter und betroffenem Kind), um so intensiver sind die sexuellen Handlungen; auch Bedrohung und Gewaltanwendung durch den Täter kommen häufiger vor, wenn sich Täter und Betroffene kennen oder miteinander verwandt sind (Baurmann 1983, S. 265f).

Sexueller Mißbrauch an Kindern ist also in den seltensten Fällen die Handlung eines sogenannten Triebtäters, sondern meist handelt es sich um einen ganz «normalen» Mann, der ein Kind aus seiner eigenen Familie sexuell mißbraucht. Täter sind nicht nur solche Männer, die auch sonst gewalttätig und brutal gegen ihre Frauen und Kinder vorgehen, sondern auch Männer, die von Außenstehenden als vorbildliche Familienväter beschrieben werden.

Die betroffenen Kinder

Betroffen von sexuellem Mißbrauch sind zu 80–90% Mädchen; Jungen bis zu 20% (De Jong 1983, S. 156; Finkelhor 1984, S. 167; Furniss 1986a, S. 336; Nielson 1983, S. 139; Pierce & Pierce 1985, S. 193). Mädchen werden überwiegend im engeren Familienkreis von Vätern, Stief-, Pflege-, Adoptiv- und Großvätern oder Brüdern zu sexuellen Handlungen gedrängt. Bei sexuellem Mißbrauch an Jungen sind die Täter in der Regel ebenfalls Männer. Es sind jedoch seltener Vaterfiguren, sondern Personen aus dem weiteren Bekanntenkreis (Finkelhor 1979/1984; Nielson 1983, S. 139), zu dem die Jungen in einem Autoritätsverhältnis stehen, z. B. Lehrer, Pfarrer, Bademeister oder auch Nachbarn. Sexueller Mißbrauch durch eine Vaterfigur richtet sich meist nur gegen eine

Tochter in der Familie; erst wenn sie das Elternhaus verlassen hat oder aus anderen Gründen dem Täter sexuell nicht mehr jederzeit zur Verfügung steht, wird ihre Schwester ihre Rolle übernehmen (Finkelhor 1984, S. 164). Jungen, die innerhalb der Familie sexuell mißbraucht werden, müssen häufig gleichzeitig körperliche Mißhandlung ertragen und sind selten die einzigen, an denen sexuelle Handlungen verübt werden, meist sind die Geschwister, vorwiegend die Schwestern, gleichzeitig betroffen (vgl. Kap. VII).

Mädchen sind in keinem Alter vor sexuellen Übergriffen geschützt. Auch an Säuglingen und Kleinkindern werden von Vaterfiguren sexuelle Manipulationen vorgenommen (Furniss 1986a, S. 337; Trube-Becker 1982, S. 115). Am stärksten betroffen sind Mädchen im Alter von 6–12 Jahren (Furniss 1986b, S. 37; Finkelhor 1984, S. 23; Peters 1976, S. 414). Nach den Erfahrungen der Autorin sind Mädchen unter sechs Jahren allerdings genauso häufig betroffen wie Mädchen zwischen 6–12 Jahren. In diesem Alter können sich Mädchen jedoch sehr viel schlechter artikulieren, weshalb HelferInnen nicht auf die Idee kommen, aufgrund der Verhaltensauffälligkeiten einen sexuellen Mißbrauch durch ein Familienmitglied zu diagnostizieren.

Das bedeutet: Sexueller Mißbrauch ist ein Delikt, das überwiegend von Männern an nicht pubertierenden Mädchen ausgeführt wird, wobei das Mädchen in der Regel mit dem Täter verwandt ist; in 75 % aller Fälle ist es ein Mann, der für das Mädchen die Vaterrolle übernommen hat (Trube-Becker 1982).

Was ist sexueller Mißbrauch?

Die Frage danach, welche Handlungen eigentlich als sexueller Mißbrauch zu bezeichnen sind und welche im Rahmen erzieherischer und pflegerischer Tätigkeiten üblich und normal oder für die Entwicklung eines Kindes durchaus wichtig sind, scheint für viele Erwachsene schwierig zu beantworten zu sein. Während meiner Arbeit an diesem Thema wurde mir die Unsicherheit Erwachse-

ner, wo denn eigentlich die Grenze zwischen Schmusen, Zärt-
lichsein und sexuellem Mißbrauch an Mädchen liege, deutlich.
Der Übergang väterlicher Zärtlichkeiten von Schmusen, Streicheln und Liebhaben zum sexuellen Mißbrauch ist nicht flie-
ßend, sondern ein bewußter Prozeß seitens des Mannes. Sexueller Mißbrauch beginnt dort, wo Männer sich bewußt am
Körper eines Mädchens befriedigen oder sich von ihr befrie-
gigen lassen. Sexuelle Handlungen an Mädchen sind vom Täter
immer beabsichtigt.

Situationen, in denen von Kindern während des Spielens, To-
bens oder während alltäglicher Handlungen wie Baden, Morgend-
lichem-ins-Bett-der-Eltern-Krabbeln der eigene Körper und die
(u. U. nackten) Körper der Eltern erforscht werden, sind häufig
und keineswegs als sexueller Mißbrauch zu bezeichnen. So kann
es durchaus vorkommen, daß z. B. die kleine Tochter beim mor-
gendlichen Toben im elterlichen Bett aus Interesse den erigierten
Penis des Vaters anfaßt. Diese Situation ist harmlos, bliebe es bei
dieser Begebenheit. Wenn jedoch im folgenden der Vater bewußt
Gelegenheiten sucht und arrangiert, der Tochter ungestört und
heimlich seinen Penis zu zeigen, und sie nötigt, diesen anzufassen,
so ist das der Anfang des sexuellen Mißbrauchs. Durchaus normal
ist es auch, wenn Mädchen beim Baden mit dem Vater dessen Penis berühren. Sexueller Mißbrauch beginnt auch hier erst dann,
wenn der Vater seine Tochter ermutigt, seinen Penis anzufassen
oder auch die Tochter an der Vulva berührt, in der Absicht, ihr
Lust zu bereiten oder sich zu erregen. Sexueller Mißbrauch ist niemals eine zufällige Begebenheit, sondern immer geplant. Sexuelle
Übergriffe auf Mädchen passieren Männern nicht aus Versehen,
durch Zufall oder unbemerkt, sondern sind Handlungen, die der
Täter sich überlegt hat und bewußt ausführt. Die Gelegenheiten
dazu werden vom Täter gesucht und arrangiert. Hinter jedem sexuellen Mißbrauch steckt die Intention des Täters. Voraussetzung
für den sexuellen Mißbrauch durch eine nahestehende Person ist
das Vertrauen des Mädchens zum Täter. Da in der Regel solche
Männer die Täter sind, die die Vaterrolle für das Mädchen übernommen haben, ist es für sie nicht besonders schwierig, eine Ver-

trauensbeziehung zum Mädchen herzustellen. Darüber hinaus intensivieren Täter die Beziehung zu ihrer Tochter durch emotionale und körperliche Zuwendung, durch materielle Belohnungen und vermeintliche Aufwertung ihrer Person. Die Vertrauensbeziehung des Mädchens zum Täter (z. B. aufgrund seiner Vaterrolle) ermöglichen ihm sexuelle Übergriffe ohne körperliche Gewaltanwendung. Sexueller Mißbrauch bedeutet, daß der Täter das Vertrauen, die Abhängigkeit und Sexualität des Mädchens mißbraucht und kindliche Gefühle für seine Interessen benutzt. Sexuelle Übergriffe geschehen immer unter Ausnutzung der Macht- und Autoritätsstellung seitens des Täters. In diesem Sinne ist sexueller Mißbrauch immer Gewaltanwendung, auch dann, wenn keine körperliche Gewalt zur Durchsetzung der Interessen des Täters notwendig ist.

Die ersten Übergriffe sind in der Regel so angelegt, daß das Mädchen sie möglichst nicht bemerken soll. Beim Spielen faßt der Täter z. B. dem Mädchen «wie zufällig» an die Brust und ins Höschen. Nicht selten sucht er sich Situationen aus, die dem kleinen Mädchen die Übergriffe zunächst als «ganz normal» erscheinen lassen. So fummeln Väter z. B. am sonntäglichen Kaffeetisch, um den die gesamte Verwandtschaft versammelt ist, ihren Töchtern mit dem Finger in der Scheide. Die Mädchen wundern sich, daß die ganze Verwandtschaft ungestört weiter Kuchen ißt und verbuchen die Handlungen als «üblich» zwischen Vätern und Töchtern. Oftmals sind die Übergriffe eindeutig als Spiel deklariert. So spielen Väter mit ihren Töchtern «das große Zauberspiel», indem sie ihren Penis durch Berührungen des Mädchens groß und später wieder klein zaubern lassen. Sprechen die Mädchen über das, was der Vater mit ihnen macht, schwinden ihre Zauberkräfte. Sexuelle Übergriffe durch ein Familienmitglied geschehen nicht einmalig. Täter steigern über Jahre die Intensität der Handlungen über Anfassen, Streicheln, Masturbieren bis zum Geschlechtsverkehr. Typisch für den sexuellen Mißbrauch ist die Verpflichtung zur Geheimhaltung. So werden z. B. Zauberspiele vom Täter als «unser kleines Geheimnis» deklariert, womit er dem Mädchen eine aktive Rolle und eine Mitschuld suggeriert und ihr damit die Möglichkeit nimmt, sich einer vertrauten Person gegenüber zu öffnen. Sexuelle Übergriffe werden vom Täter in der Absicht geplant, sich selbst und das Mädchen sexuell zu erregen. Dabei ist es dem Täter vollkommen unwichtig, was das Mädchen möchte.

Verantwortlich für den sexuellen Mißbrauch ist immer der Täter. Die betroffenen Mädchen tragen dafür keine Verantwortung, egal wie aktiv sie an den Handlungen beteiligt waren. Sie sind aufgrund ihrer emotionalen und kognitiven Entwicklung nicht in der Lage, die Situation und die Folgen, die daraus für sie erwachsen können, zu überschauen und den Handlungen frei und überlegt zuzustimmen. Sie sind leicht ausbeutbar, weil sie aufgrund der Beziehung zum Täter diesem vertrauen.

«Sexueller Mißbrauch an Mädchen ist körperliche und psychische Gewaltanwendung und Machtausübung mittels sexueller Handlungen am Körper und an der Seele eines Mädchens» (Stanzel 1987).

Das heißt: wichtig sind dem Täter beim sexuellen Mißbrauch die Befriedigung seiner Macht- und Autoritätswünsche.

Es stellt sich nun die Frage, warum sich Männer ihre Macht und Überlegenheit gerade durch sexuelle Unterwerfung von Mädchen und Frauen sichern?

In unserer patriachalischen Gesellschaftsstruktur, wird den Männern (und nicht den Frauen) die Rolle der Herrschenden und Mächtigen zugedacht; es wird von ihnen erwartet, daß sie diese Rolle auch einnehmen. Männlichkeit und Mannsein wird an der Potenz gemessen. Männliche Sexualität bedeutet Stärke. Läßt sich die Herstellung der Machtansprüche der meisten Männer nicht durch Konsens, d. h. indem sich die Frauen unterordnen, erreichen, so nehmen sie sie sich mit Gewalt. Mittels sexueller Gewalt beweisen sie sich ihre Männlichkeit und ihre Macht. Aufgrund der ihnen zugedachten Position definieren sie die Situation zu ihren Gunsten: «Die hat es ja gewollt, sie hat sich nicht gewehrt»; «die hat mich provoziert»; «sie hat sich aktiv beteiligt»; etc. Sie kehren die Macht und Hierarchie um: Der Täter wird zum

Opfer – das Mädchen wird zum Täter. Die Verantwortung wird dem Mädchen zugeschoben. Für den Täter ist es keine Schwierigkeit, sich über den Widerstand des Mädchens hinwegzusetzen; das Vertrauensverhältnis wird für die Durchsetzung seiner Interessen benutzt. Männer mißbrauchen ihre Töchter und andere von ihnen in irgendeiner Weise abhängige Mädchen, weil sie nach ihrem Belieben über sie verfügen können. Sexueller Mißbrauch ist die Sexualisierung von Macht und Gewalt. (vgl. Russel 1986; Rijnaarts 1988, S. 264; Scheffler 1988, S. 104).

Sexueller Mißbrauch ist eine Wiederholungstat; trotz ihrer Versprechungen, Mädchen nicht mehr zu belästigen, werden Täter sie weiter mißbrauchen, wenn die Situation ihnen wieder günstig erscheint und sie sich wieder sicher fühlen. Auch Gefängnisstrafen halten sie nur selten davon ab, erneut zum Täter zu werden.

Die Handlungen

Professionelle HelferInnen, die mit Mädchen und Frauen arbeiten, haben oftmals große Schwierigkeiten damit, sexuelle Handlungen von Erwachsenen an Mädchen als sexuellen Mißbrauch zu bezeichnen. Es fällt ihnen auch nicht leicht, die Mädchen und Frauen zu fragen, wie die Übergriffe aussahen, die sie ertragen mußten. Sie befürchten, die Mädchen oder Frauen mit dieser Frage abzuschrecken, zu verletzen und «wieder alles aufzuwühlen». Für betroffene Mädchen und Frauen ist in der Tat die Frage nach den Handlungen, die sie ausführen bzw. ertragen mußten, am schwierigsten zu beantworten. Mit der Beantwortung ist in der Regel auch ein Wiederbeleben der Gefühle verbunden, die mit dem Erduldenmüssen der Übergriffe verknüpft waren. Häufig haben die Frauen große Angst davor, daß alle Gefühle wieder aktiviert werden, die sie seit Jahren einigermaßen «unter Kontrolle» halten können. Trotzdem haben die meisten Mädchen und Frauen den großen Wunsch, das, was ihnen angetan wurde, einmal jemandem erzählen zu können, und im Nachhinein spüren sie eine große Erleichterung, darüber gesprochen zu haben.

Professionelle HelferInnen, die mit Mädchen und Frauen arbeiten, sollten die Handlungen, die im Rahmen von sexuellem Mißbrauch an Mädchen üblich sind, kennen und angemessen benennen können.

Männer mißbrauchen Mädchen u. a. mit folgenden Handlungen:

Sie streicheln Mädchen intensiv, vor allem an der Brust und an der Vulva; Mädchen werden abgeknutscht; es werden ihnen Zungenküsse aufgedrängt; Täter lecken ihnen in die Nase und die Ohren; Mädchen müssen sich vor dem Täter zur Schau stellen; sie müssen sich berühren, befummeln und masturbieren lassen und sich verbale, anzügliche sexuelle Bemerkungen und Andeutungen anhören; Anal- bzw. Oralverkehr, versuchte Vergewaltigungen und Vergewaltigungen gehören ebenso zu sexuellen Übergriffen wie Schenkelverkehr, Finger und Gegenstände in die Vagina und in den After einführen, auf Mädchen onanieren und urinieren. Mädchen werden dazu gedrängt, sich zusammen mit dem Täter Pornos anzuschauen. Oftmals sind die sexuellen Handlungen in Prügelrituale eingebunden: Mädchen werden dabei eingeschlossen, geknebelt und gefesselt. Prügelstrafen auf das nackte Hinterteil eines Mädchens sind immer sexuell motiviert. Häufig schließen sich Täter mit dem Mädchen in ein Zimmer ein, um während der Übergriffe von anderen Familienmitgliedern nicht gestört zu werden. Manchmal müssen Mädchen nackt vor dem Täter rumkriechen, ihn anflehen, sie doch gehen zu lassen, sich beschimpfen lassen oder den Täter beschimpfen. Sie werden aufgefordert, auf den Täter zu urinieren: ihm in den Mund oder über das Gesicht zu pinkeln.

Die Folgen sexueller Gewalt

Körperliche Verletzungen durch sexuellen Mißbrauch treten bei kleinen Mädchen auf, wenn körperliche Gewaltanwendung mit sexuellem Mißbrauch einhergeht. Zu solchen Verletzungen zählen Hämatome und Bißverletzungen an der Burst und/oder im

Genitalbereich; Rötungen an der Vulva, hervorgerufen durch Masturbation; Fissuren an Scheide und After durch übermäßige Dehnungen mit Gegenständen oder Penis. Während Pilzinfektionen in der Scheide bei kleinen Mädchen ein Hinweis auf sexuelle Übergriffe sein *können*, sind Geschlechtskrankheiten ein eindeutiges Zeichen. Schwangerschaften bei jungen Mädchen sind in den allermeisten Fällen ein sicherer Hinweis auf eine Vergewaltigung durch ein Familienmitglied. Meistens jedoch ist der Täter darauf bedacht, Spuren, die auf seine Handlungen hinweisen können, zu vermeiden. Das bedeutet, daß Verletzungen eher selten sind und sexueller Mißbrauch sich deshalb durch eine ärztliche Untersuchung kaum nachweisen läßt.

Wenn körperliche Verletzungen nur selten als Folge von sexuellem Mißbrauch auftreten, so wirkt sich sexueller Mißbrauch dennoch immer schädigend für die betroffenen Mädchen aus. In der Mißbrauchsituation entwickeln die Mädchen (je nach Entwicklung und Persönlichkeit eines jeden Mädchens) Verhaltensweisen, um den sexuellen Handlungen zu entkommen, die emotionale Verwirrung zu verarbeiten und/oder Dritte auf ihre Situation aufmerksam zu machen. Alle Verhaltensauffälligkeiten, die betroffene Mädchen in der Mißbrauchsituation entwickeln, sind Widerstandsformen gegen die ihnen angetane sexuelle Gewalt. Es sind ihre individuellen Möglichkeiten, sich gegen die sexuellen Übergriffe zur Wehr zu setzen. Nur weil sie sich so verhalten, können sie die traumatischen Erfahrungen überleben.

Die Folgen sexueller Gewalt bei Mädchen

Als Folgen sexueller Mißbrauchserfahrungen können bei Mädchen auftreten:

Beeinträchtigung der Gefühle und der Wahrnehmung: Sexuelle Übergriffe durch eine vertraute Person (besonders durch den Vater) stellen für Mädchen eine starke emotionale Verwirrung dar, die ihre Realitätswahrnehmung stark verunsichert. Sie wurden vor dem fremden Mann gewarnt; daß dieser «böse Onkel» auch der eigene Vater (ein Verwandter oder sehr guter Bekannter) sein kann, darüber haben sie niemals etwas erfahren. Verunsichert werden sie zusätzlich dadurch, daß dieser Bruch im Verhalten des Vaters für sie nicht verstehbar ist. Die Person, die viele schöne Sachen mit ihnen gemacht hat, der sie sich anvertraut haben, die sie bewundern und gern haben, mißbraucht und erniedrigt sie. Der Vater sagt, daß er das mache, weil er sie besonders lieb habe. Sie selbst empfinden die Handlungen als unangenehm, störend, schrecklich und ekelig. Mit der Mutter können und dürfen sie meist nicht darüber reden. Das irritiert die Mädchen so sehr, daß sie an den eigenen Gefühlen und der eigenen Wahrnehmung zweifeln: wenn der Vater das macht, die Mutter dazu schweigt, können ihre eigenen Gefühle nicht stimmen. Täter wollen in der Regel, daß ihre Manipulationen den Mädchen Spaß machen. Oftmals strengen sich die Mädchen deshalb an, die Handlungen auch schön zu finden. Gelingt ihnen das nicht, zweifeln sie an sich selbst. Sie fühlen sich wertlos, unzulänglich und mißraten.

Zusätzlich werden sie in ihrer Wahrnehmung getäuscht, wenn die sexuellen Übergriffe überwiegend nachts stattfinden – der Vater sich aber tagsüber so verhält, als sei nichts geschehen. Oftmals finden sexuelle Handlungen in einem Rahmen statt, der den Mißbrauchscharakter negiert. So werden die Übergriffe als Spiel getarnt, damit das Mädchen sie nicht bemerken soll. Täter planen ihr Verhalten so, daß Mädchen die Übergriffe zunächst möglichst nicht wahrnehmen. Die Mädchen spüren jedoch, daß etwas nicht in Ordnung und anders ist als sonst; sie können die Handlungen nicht einordnen, zweifeln an sich und ihrer Wahrnehmung und haben oft das Gefühl, verrückt zu sein. Väter schlüpfen nicht selten für Minuten in die Täterrollen und sind dann wieder Vater. Zum Beispiel kommt es vor, daß Väter vorgeben, die Hausaufgaben ihrer Tochter kontrollieren zu wollen. Sie schauen sich die Hefte des Mädchens an, lassen sich währenddessen sexuell befriedigen und sind danach wieder Vater, indem sie mit der Tochter spielen oder andere Aufgaben in der Familie übernehmen. Dieses Verhalten verwirrt die Mädchen; sie wissen manchmal nicht: hat es wirklich stattgefunden oder habe ich geträumt? Mädchen können nicht glauben, daß ihr Vater bewußt so handelt; weil sie ihm vertrauen, verbuchen sie das Geschehene zunächst als zufällig. Erst wenn die Übergriffe massive Formen annehmen, läßt die Absicht des Vaters sich nicht mehr verleugnen.

Da ihre Väter oftmals sozial angesehene Berufe haben, gläubige Christen sind und häufig in die Kirche gehen, haben Mädchen keine Veranlassung, das Verhalten des Vaters in Frage zu stellen. hinzu kommt, daß es für sie keine Möglichkeit gibt, ihre Empfindungen an der Realität zu überprüfen. Über sexuellen Mißbrauch, besonders durch enge Familienmitglieder, wird nicht gesprochen. Die Mutter und die Geschwister scheinen von den Übergriffen nichts zu bemerken; so deuten die Mädchen manchmal ihre Wahrnehmung um: sie glauben, daß alles nicht so schlimm ist oder daß nichts geschehen sei. Sie können das, was ihnen angetan wird nur überleben, indem sie es nicht mehr spüren. Sie vertrauen ihren Gefühlen und ihrer Wahrnehmung nicht mehr, deuten sie um, bagatellisieren sie und spalten ihre Gefühle ab.

Mädchen fühlen sich immer schuldig für das, was ihnen angetan wird. Irgend etwas an ihnen, an ihrem Verhalten, ihrem Aussehen oder ihrer Kleidung, so meinen sie, müsse den Vater zu solchem Handeln veranlaßt haben. Sie werfen sich vor, vielleicht beim erstenmal neugierig und interessiert gewesen zu sein und nicht gleich mit der Mutter darüber gesprochen zu haben. Manchmal sehen sie sich als Komplizin des Vaters, glauben den Zeitpunkt verpaßt zu haben, sich mitzuteilen und sehen keine Möglichkeit, sich aus der Situation zu befreien. Sie fühlen sich in einer Konkurrenzsituation zur Mutter und glauben daran schuld zu sein, daß es der Mutter schlecht geht, daß sie häufig krank ist, etc.

Sexuelle Handlungen, die mit Streicheln, Schmusen und anderen Zärtlichkeiten verbunden sind, lösen bei Mädchen angenehme Gefühle aus. Besonders kleine Mädchen, die das sexuelle Tabu nicht kennen, wollen diese Gefühle wiedererleben, fühlen sich deshalb an den Vater gebunden. Sie merken sehr bald, daß sie den Ort und die Zeit für solche Zärtlichkeiten nicht bestimmen und daß sie darüber nicht sprechen dürfen. Die Handlungen werden ritualisiert. Es müssen bestimmte Gegebenheiten zusammentreffen, und der Vater setzt fest, wann der Zeitpunkt gekommen ist. So muß z. B. die Mutter außer Haus sein oder schon schlafen; die Fenster werden verdunkelt, die Türen verriegelt. Die Mädchen leben mit dem Konflikt, schöne und angenehme Gefühle verheimlichen zu müssen und nur mit dem Vater in festgelegten Ritualen ausleben zu können. Sie führen zum Teil ein Leben, daß keine Realität haben darf. Das schafft eine fatale Abhängigkeit zum Vater. Wenn die Atmosphäre in der Familie eher sexualfeindlich ist und über Sexualität nicht gesprochen wird, können Mädchen diese unterschiedlichen Welten nicht verknüpfen; sie beginnen, in zwei getrennten Welten zu leben. Zudem kommt es vor, daß Mädchen ihren Vater nur im Zusammenhang mit sexuellen Übergriffen als zärtlich und liebevoll erleben. Im übrigen familiären Zusammenleben sind sie für ihn das schwarze Schaf, der Sündenbock. Besonders strenggläubige Väter, praktizierende Kirchgänger verprügeln ihre Tochter in Anwesenheit dritter oftmals für Kleinigkeiten, um jeden Verdacht von sich abzuwenden. In anderen Familien gelten die Mädchen, die mißbraucht werden als schwieriges oder krankes Kind. Damit beugen Väter der Entdeckung des sexuellen Mißbrauchs vor: niemand wird glauben, daß ein Vater, der seine Tochter, die krank oder schwierig ist oder die er nicht leiden mag, mißbraucht.

Mädchen, die sexuelle Übergriffe ertragen müssen, führen ein Leben voller *Angst*; sie haben u. a. Angst vor der Entdeckung, Angst vor der Realisierung der Drohungen des Täters: nämlich in ein Heim eingewiesen zu werden; den Tod der Mutter oder Oma verursacht oder den Vater ins Gefängnis gebracht zu haben etc.

Mädchen dürfen über die sexuellen Handlungen nicht sprechen. Sie können auch oftmals nicht darüber reden, weil sie keine Worte für das finden, was mit ihnen passiert. Häufig sind sie noch zu klein, um sich verbal äußern zu können. Deshalb manifestiert sich sexueller Mißbrauch oft in *psychosomatischen Beschwerden*. Diese Beschwerden sind Reaktionen des Körpers, um mit einer andauernden psychischen Belastung fertigzuwerden. Sie äußern sich zum Beispiel in Schlafstörungen, Alpträumen, Konzentra-

tionsstörungen, Nachlassen in schulischen Leistungen, Appetit-
losigkeit, Depressionen, Klagen über Schmerzen (meist im Unter-
bauch), für die sich keine organischen Ursachen finden lassen.
Hautkrankheiten (Allergien) als Reaktion auf unangenehme und
zu enge körperliche Nähe; Asthma-, Angst- und Erstickungsan-
fälle (z. B. als Folge oraler Vergewaltigungen oder Mundzuhalten /
Kissen aufs Gesicht drücken, um Schreien zu verhindern, weil es
den Täter verraten könnte).

Weitere Auswirkungen von sexuellem Mißbrauch sind sexualisiertes Verhalten, z. B. exzessives Onanieren, ritualisierte
Doktorspiele mit Gleichaltrigen, wobei erlebte Mißbrauchshandlungen zwanghaft nachgespielt werden. Kleine Mädchen, die nur
über sexuelle Handlungen Zuwendung und Bestätigung erhalten
haben, verhalten sich distanzlos Männern gegenüber. Sie gehen
z. B. auf Männer zu, öffnen ihnen die Hose oder geben Zungenküsse.

Mädchen richten in der Regel ihre Aggressionen und ihre Wut,
die dem Täter und der Mutter gelten, gegen sich selbst. Sie versuchen, ihren Körper, den sie als Ursache für das betrachten, was
ihnen angetan wird, zu zerstören: Sie dämpfen mit Medikamenten,
Alkohol und Drogen die eigene Wahrnehmung. Nur in Trance können sie den Mißbrauch überleben (Benward et al. 1975). Weitere
autoaggressive Verhaltensweisen, die als schädigende Folge sexueller Mißbrauchshandlungen auftreten können, sind: Nägel-
kauen, Haare ausreißen, sich selbst mit Messer und Schere Verletzungen zufügen; Nikotinabusus, Magersucht und Bulimie. Viele
Mädchen laufen aus dem Elternhaus fort, weil sie keinen anderen
Ausweg sehen (Benward et al. 1975; Trauernicht 1983) oder versuchen, sich das Leben zu nehmen (Herman & Hirschmann 1981;
Russel 1984; Steinhage 1985; Trube-Becker 1982).

Beendet wird der Mißbrauch meist in der Pubertät durch Weg-
laufen oder Auszug aus dem Elternhaus (Steinhage 1985; Trube-
Becker 1982). Danach hoffen die Mädchen, endlich alles vergessen zu können. Sie glauben, daß für sie ein neues Leben beginnt,
indem die sexuellen Übergriffe keinen Platz mehr haben. Leider
müssen sie sehr bald feststellen, daß ihnen das Vergessen nicht so

einfach gelingt. Manchmal werden sie nach vielen Jahren – für sie ganz plötzlich – durch Worte, Bilder, bestimmte Ereignisse oder durch die eigenen Kinder wieder daran erinnert; ihr Leben wird erneut damit belastet.

Genannt wurden nur einige Auswirkungen, die als Folge von sexuellem Mißbrauch auftreten können. Generell sollte bei allen Verhaltensauffälligkeiten bei kleinen und jugendlichen Mädchen immer auch sexueller Mißbrauch als mögliche Ursache in Betracht gezogen werden.

Die Folgen sexueller Gewalt bei Frauen

Alle oben genannten Verhaltensweisen, die Mädchen als Überlebensstrategien in der Mißbrauchsituation entwickeln, gehen ihnen in «Fleisch und Blut» über. Sie sind ein Teil ihres Verhaltensrepertoires als Frauen, selbst dann, wenn der Mißbrauch viele Jahre zurückliegt und sie dieses Verhalten zu ihrem Schutz nicht mehr brauchen, sich meist sogar dadurch behindert und eingeschränkt fühlen. Das bedeutet: Sexueller Mißbrauch bleibt nicht auf die Kindheit und Jugend beschränkt; auch wenn die Übergriffe aufhören, müssen Frauen mit den schädigenden Folgen der Gewalterfahrung weiterleben. Mit diesen Kindheitserfahrungen sind sie auch als Erwachsene ausbeutbar, wenn sie keine Gelegenheit hatten, das Erlebte auszusprechen und zu verarbeiten. Diese Möglichkeit wird ihnen durch die gesellschaftliche Tabuisierung nur allzu oft genommen.

Schädigende Auswirkungen im Leben von Frauen können sein: Massive *Angstgefühle*, die sie ihre gesamte Kindheit und Jugend hindurch begleiten und auch heute noch in ihrem Leben sehr viel Platz einnehmen. Einige Frauen haben das Gefühl, daß die Angst mit den Lebensjahren wächst. Fast alle betroffenen Frauen berichten von starken *Scham- und Schuldgefühlen*. Sie schämen sich für ihren Vater und auch dafür, daß ihnen das passiert ist. Ihre Schuldgefühle sind vielfältig: Sie glauben, daß es an ihrer Person lag, daß der Vater sie mißbrauchte. Irgend etwas an ihrem Körper oder ihrem Verhalten müsse den Vater dazu veranlaßt haben. Als Erwachsene werfen sie sich noch vor, die Übergriffe so lange Jahre ertragen zu haben. Selbst wenn es keine Gelegenheit gab, der Situation zu entkommen und sie sich auch nicht wehren konnten, machen sie sich Vorwürfe, es nicht geschafft zu haben, den Mißbrauch zu beenden. Sie können den Gedanken nicht ertragen, aus Sehnsucht nach Liebe und Zärtlichkeit und aus Angst, die Zuneigung des Vaters zu verlieren, die sexuellen Übergriffe in Kauf genommen zu haben. Sie fühlen sich schuldig der Mutter gegenüber, weil sie vom Vater der Mutter gegenüber vorgezogen wurden. Besonders groß sind ihre Schuldgefühle, wenn sie als Mädchen materielle Belohnungen für die Handlungen angenommen haben oder wenn die sexuellen Manipulationen ihnen auch Lustgefühle bereitet haben. Das können sich Frauen nicht verzeihen.

Viele Frauen leiden unter einem *extrem schwachen Selbstgefühl*. Die ständigen Demütigungen und Erniedrigungen haben ihr Selbstwertgefühl zerstört. Sie fühlen sich mißraten, unzulänglich und schlecht, sie glauben der letzte Dreck zu sein; so haben sie auch kein Vertrauen in ihre Fähigkeiten und versagen in Schule und Beruf.

Ihre Erfahrung, von der ersten männlichen Vertrauensperson ausgebeutet und mißbraucht und von der Mutter nicht beschützt worden zu sein, hindert sie, Vertrauen in andere Menschen aufzubauen. Sie haben oft das Gefühl, daß sie niemandem mehr vertrauen können, sie sind *mißtrauisch allen Menschen gegenüber*. Es fällt ihnen schwer, ohne Vorbehalte auf andere Menschen zuzugehen. Sie können niemals unbefangen anderen gegenüber sein. Körperliche Nähe ist ihnen oftmals unerträglich, sie befürchten wieder ausgenutzt zu werden. Sie sind nicht in der Lage, sich anderen gegenüber abzugrenzen, da ihre eigenen Grenzen niemals beachtet wurden.

Frauen, die sexuell mißbraucht wurden, sind häufig *stark depressiv*. Ihr gesamtes Leben ist belastet. Sie haben das Gefühl, keine unbeschwerte Kindheit und Jugend gehabt zu haben, mit dem Leben nicht zurechtzukommen und sich über nichts richtig

freuen zu können. Das Schlimmste für sie ist, daß sie den Mißbrauch nicht vergessen werden, aber über die Ursache ihres Lei-
dens nicht einmal sprechen können. So manifestiert sich ihr Leiden häufig in *psychosomatischen Beschwerden*. Das sind u. a.
Schmerzen, für die sich oftmals keine organische Ursache feststellen läßt. Es handelt sich dabei um migräneartige Kopfschmer-
zen, Rücken- und Unterleibsschmerzen. Bei einigen Frauen treten auch Angst- bzw. Schwindelanfälle und Platzangst plötzlich
und scheinbar ohne Ursache auf. Verbunden sind diese Anfälle
nicht selten mit starkem Kopfweh, mit Übelkeit und Erbrechen.
Weil sie die Ursache für diese starken psychosomatischen Reaktionen nicht kennen, glauben sie, verrückt zu sein.

Einige Frauen leiden unter *Unterleibsbeschwerden*, Zysten,
Verwachsungen und Geschwülsten, die immer wieder operiert
werden müssen. Sie glauben, daß sich die Ablehnung ihres Un-
terleibes in Krankheiten manifestiere, weil sie in ihm die Ursache
der sexuellen Gewalt sehen, die sie ertragen mußten.

Als Folgen der sexuellen Gewalt klagen die betroffenen
Frauen über *Hautkrankheiten* und *Allergien*, die ihnen damals
zur Abgrenzung und als Schutz dienten.

Im Bereich der Sexualität werden Frauen am deutlichsten wieder an den sexuellen Mißbrauch erinnert. Sie befürchten, wieder
ausgenutzt und nicht als Person geliebt zu werden. Die Situationen gleichen sich: wieder ist es eine vertraute männliche Person, die mit ihnen schmust oder schläft. Sexuelle Handlungen,
die sie als Mädchen verletzend und erniedrigend empfanden,
können sie als Frau nicht als schön erleben. Deshalb lehnen sie
Sexualität oftmals ganz ab; sie glauben, daß sie Sexualität nicht
brauchen.

Als das Schlimmste empfinden betroffene Frauen, daß die sexuellen Übergriffe auch heute noch (10–40 Jahre danach) ihr Leben beeinträchtigen, und daß sie diese *niemals vergessen können*.
Manchmal glauben sie, die Auswirkungen hätten nachgelassen
oder sie hätten das Trauma endlich überwunden. Sie müssen
dann jedoch feststellen, daß bestimmte Situationen, Personen,
Bilder und Träume häufig Erinnerungen daran in ihnen auslösen,

Erinnerungen, die immer wieder sehr schmerzhaft sind und sie in ihrem Verhalten blockieren. Einige Frauen können zwar durch eine Psychotherapie die Folgen des Mißbrauchs erkennen und bearbeiten, wodurch ihre Symptome verschwinden. Dennoch lassen sich die Erfahrungen, von einer vertrauten Person mißbraucht worden zu sein, nicht auslöschen. Sie begleiten die Frauen ihr ganzes Leben hindurch und lassen sich niemals vergessen. Gleichzeitig werden Frauen durch die starke gesellschaftliche Tabuisierung des Themas daran gehindert, ihren schlimmen Erfahrungen Ausdruck zu verleihen, indem sie über den Mißbrauch sprechen oder den Täter anklagen.

Sexueller Mißbrauch an Mädchen bedeutet eine jahrelange Demütigung, Erniedrigung, Verletzung und Kränkung durch eine vertraute Person, die das ganze weitere Leben eines Mädchens stark beeinträchtigt. Durch den sexuellen Mißbrauch werden sie auf ihre Rolle als Frauen in dieser Gesellschaft vorbereitet: Frauen erfahren von jüngster Kindheit an, daß Zuneigung und Nähe, aber auch Ausbeutung, Erniedrigung und Demütigung an dieselbe Person gekoppelt sind. Meist ist der Täter ihre erste männliche Bezugsperson, nämlich ihr Vater/Stiefvater, und sie sind von ihm abhängig. Gerade Frauen, die in ihrer Kindheit vom Vater mißbraucht wurden, können sich im Erwachsenenalter nur selten gegen die sexuelle Gewalt eines Ehemannes wehren. Als Mädchen haben sie gelernt: Gewalterfahrungen innerhalb der Familie sind Privatsache; sie haben keine Möglichkeit, sich gegen die sexuelle Gewalt eines Familienmitglieds zu wehren; sie wissen auch, daß sie nicht darüber sprechen dürfen; sie müssen die Demütigungen ertragen, niemand würde ihnen glauben, was ihnen angetan wird. Zusätzlich vermittelt man ihnen, an den sexuellen Übergriffen selbst schuld zu sein. Sie haben gelernt, daß sie verantwortlich sind für das emotionale Wohl der gesamten Familie, das vom Einsatz ihrer Sexualität abhängig ist. Indem sie dem Vater sexuell zur Verfügung standen, regulierten sie seine Zufriedenheit, sein Wohlbefinden und damit den Familienfrieden. Ihr Wunsch, der Mißbrauchsituation zu entkommen, ihre Sehnsucht nach einem harmonischen Familienleben und das Bedürfnis «eine

ganz normale Frau zu sein» führt die Frauen häufig in einen Teu-
felskreis: sie heiraten oft den ersten Mann, den sie kennenlernen
und gründen eine eigene Familie. Damit sind sie wieder von einem
Mann ökonomisch und emotional abhängig. Da sie ihre eigenen
Wünsche niemals durchsetzen konnten, ordnen sie sich wieder
den Bedürfnissen ihrer Männer unter. Da sie keine Gelegenheit
hatten, ihre traumatischen Kindheitserlebnisse zu verarbeiten,
sind sie auch als Mütter nicht in der Lage, ihre Töchter zu schützen. Sie können die Hilferufe ihrer Töchter nicht hören, weil sie
ihre eigenen Verletzungen nicht wahrnehmen durften und dürfen.

Kindesmißhandlung – Sexueller Mißbrauch: Differenzierung zweier Begriffe

Sexueller Mißbrauch an Mädchen in der Familie ist sicherlich eine
Form von Kindesmißhandlung. Dennoch reichen Interventionsschritte, die sich für Kindesmißhandlung und -vernachlässigung in
der Familie bewährt haben, bei sexuellem Mißbrauch an Mädchen
bei weitem nicht aus, oft verschlimmern sie sogar die Situation der
Betroffenen.

Bevor ich über Hilfs- und Unterstützungsmöglichkeiten für jugendliche Mädchen und Frauen spreche, möchte ich die Unterschiede zwischen Kindesmißhandlung und sexuellem Mißbrauch
an Mädchen herausstellen, um zu verdeutlichen, warum bei der
Problematik des sexuellen Mißbrauchs an Mädchen andere Hilfs-
angebote notwendig sind. Sexueller Mißbrauch an Mädchen innerhalb der Familie unterscheidet sich in folgenden Aspekten
deutlich von Kindesmißhandlung:

Die Betroffenen

Von körperlicher Mißhandlung in der Familie sind Mädchen und Jungen gleichermaßen betroffen, sexueller Mißbrauch wird hingegen zu 80–90 % an Mädchen verübt. (Finkelhor 1984; Furniss 1986a; Nielson 1983).

Die Täter

An Kindesmißhandlung in der Familie sind in der Regel beide, Mutter und Vater beteiligt (Zenz 1981, S. 208). Sexueller Mißbrauch wird fast ausschließlich (zu 98 %) von Männern begangen (Baurmann 1983). Bei sexuellem Mißbrauch an Mädchen sind die Täter zu 75 % Väter, Stiefväter oder Bezugspersonen, die für die Mädchen die Vaterrolle repräsentieren (Trube-Becker 1982).

Sind Jungen betroffen, sind die Täter eher im nahen Bekanntenkreis zu finden (z. B.: der Nachbar, der Bademeister, der Lehrer, der Pfarrer). Das bedeutet: Jungen können innerhalb der Kernfamilie emotionale Unterstützung bekommen; das ist für Mädchen nahezu ausgeschlossen in den Fällen, in denen der Vater oder eine vaterähnliche Bezugsperson der Täter ist.

Die Handlungen

Körperliche Mißhandlung innerhalb der Familie erfolgt meist spontan. Eltern prügeln ihre Kinder aus der Situation heraus: aus eigener Unzulänglichkeit, eigenem Versagen, Ärger usw. (Zenz 1981, S. 200f). Kindesmißhandlung ist in der Regel mit lautstarken Beschuldigungen und Beschimpfungen durch die Eltern verbunden und mit Weinen und Schreien seitens der betroffenen Kinder. Die Geschwister und nicht selten auch die Nachbarn wissen von den Mißhandlungssituationen. Nach der Tat tut den Eltern ihr Verhalten oft leid; sie haben ein schlechtes Gewissen und bereuen, so gehandelt zu haben.

Sexueller Mißbrauch an Mädchen dagegen wird von den Männern geplant (Sgroi 1982, S. 13), die Gelegenheiten werden vom Täter gesucht und arrangiert. Mädchen sind von sexuellem Mißbrauch besonders dann bedroht, wenn sie schutzlos und alleine sind, z. B. nachts im Bett oder wenn die Mutter und Geschwister außer Haus sind. Tatort sind das Elternhaus und das eigene Bett, also Orte, an denen sich Kinder normalerweise am sichersten fühlen. Sexuelle Handlungen werden nahezu lautlos vollzogen; Täter und das betroffene Mädchen sprechen nicht darüber. Nach der Tat verhält sich der Täter ganz normal, als wäre nichts geschehen: er ist wieder Vater. In den seltensten Fällen tut ihm sein Verhalten leid.

Die Geheimhaltung

Körperliche Mißhandlung durch Eltern innerhalb der Familie läßt sich nicht verheimlichen; das Verschweigen erfolgt primär nach außen, Dritten gegenüber. Die körperliche Mißhandlung, die sie ertragen müssen, können Mädchen benennen: sie wurden geschlagen, getreten etc.; sie können die Auswirkungen der Gewalt, die Verletzungen, zeigen.

Sexueller Mißbrauch dagegen wird auch innerhalb der Familie vor allen Familienmitgliedern, besonders vor der Mutter, verborgen. Kleinen Mädchen gegenüber deklariert der Täter die sexuellen Übergriffe als «unser kleines Geheimnis», über das sie mit niemandem sprechen dürfen. Ältere Mädchen werden unter Androhung von Strafe zur Geheimhaltung verpflichtet. Die Geheimhaltung funktioniert meistens perfekt. Selbst wenn andere Familienmitglieder – meist durch Zufall – davon erfahren, sprechen sie die Geschehnisse in der Familie nicht an. Zusätzlich erfolgt die Geheimhaltung nach außen, wodurch sich sexueller Mißbrauch innerhalb der Familie nahezu jeder sozialen Kontrolle entzieht. Kleinen Mädchen fehlt zudem oft das Vokabular, das zu benennen, was der Vater mit ihnen macht. Ältere Mädchen schämen sich so sehr, daß sie nicht aussprechen können, was mit ihnen geschieht. Ihr anfängliches Schweigen über die Übergriffe macht es ihnen noch schwerer, später darüber zu reden.

Weil sie nicht über das sprechen können, was ihnen passiert, verschlimmern sich die Folgen für die Mädchen. Ihre Ausbeutung, Erniedrigung und Demütigung vollzieht sich im Geheimen, fast so, als ob sie gar nicht stattfände. Da die Mädchen nirgendwo Informationen über das Vorkommen und die Häufigkeit von sexuellem Mißbrauch durch Verwandte und Familienmitglieder erhalten können, glauben sie, die einzigen zu sein, denen das passiert. Sie schweigen darüber und ertragen die Handlungen oft jahrelang, weil sie keine Möglichkeit sehen, sich aus der Situation zu befreien (Steinhage 1987a).

Beweise für die Mißhandlung – Blaming the victim

Körperliche Mißhandlung hinterläßt in den meisten Fällen Verletzungen, die sichtbar sind (z. B. Hämatome, offene Wunden, Knochenbrüche). Verletzungen, die nicht gleich als Folge von körperlicher Mißhandlung erkennbar sind, lassen sich meist mit Hilfe verschiedener medizinischer Methoden als solche identifizieren (z. B.: das Schütteltrauma). Die Mißhandlung wird aufgrund der Verletzungen erkannt, dem Kind wird geglaubt, es hat keine Schuld und kann sogar mit Hilfe und Unterstützung seiner Umwelt rechnen.

Sexueller Mißbrauch an Mädchen ist nur dann medizinisch nachweisbar, wenn auch körperliche Verletzungen (z. B.: Hämatome im Genitalbereich, Bißspuren, Geschlechtskrankheiten oder Schwangerschaften bei sehr jungen Mädchen) vorliegen (Trube-Becker 1982, S. 123). Für die betroffenen Mädchen bedeutet das: Sie müssen beweisen, daß die sexuellen Handlungen tatsächlich stattgefunden haben. Ihre Glaubwürdigkeit wird oft in Frage gestellt, weshalb vor Gericht fast regelmäßig ein Glaubwürdigkeitsgutachten über die Betroffenen – nicht über den Täter – angefordert wird (vgl. Kap. VI). Zusätzlich wird in den meisten Fällen eine gynäkologische Untersuchung angeordnet, weil das

Gericht glaubt, nur so sichere Beweise zu erhalten. Eine gynäkologische Untersuchung kann aber nur in den oben genannten Fällen und bei einem Hymenriß (als Folge einer Penetration mit Finger, Penis oder anderen Gegenständen) den gewünschten Beweis erbringen. Solche Untersuchungen sind deshalb in den allermeisten Fällen überflüssig und schädlich, weil sie nicht das gewünschte Ergebnis bringen, sondern die Mädchen nur zusätzlich traumatisieren. Selbst wenn bewiesen ist, daß ein Mädchen sexuell mißbraucht wurde, wird häufig zur Entlastung des Täters eine Mitschuld bei dem betroffenen Mädchen gesucht: Sie hat sich nicht genügend gewehrt, provoziert, den Mann verführt oder sich gar aktiv beteiligt. Ihr wird die Schuld an der Tat zugeschoben, sie wird für das Verhalten des Mannes verantwortlich gemacht, während der Täter entlastet wird.

Die gesellschaftliche Tabuisierung

Schlagen und Prügeln von Kindern ist in unserer Gesellschaft durchaus erlaubt. Eltern in allen sozialen Schichten machen davon ausgiebig Gebrauch (Trube-Becker 1982, S. 137). Viele Eltern sind immer noch davon überzeugt, daß auch ihnen die Prügelstrafen ihrer Eltern nicht geschadet haben und rechtfertigen so das Schlagen ihrer eigenen Kinder. Das Tabu des Schlagens bezieht sich lediglich auf das Ausmaß der körperlichen Mißhandlung. So können Mädchen, die von ihren Eltern geprügelt werden, durchaus in ihrer sozialen Umwelt Leidensgenossinnen finden. Unter Jugendlichen sind Schläge von Eltern selten ein Tabuthema.

Bei sexuellem Mißbrauch innerhalb der Familie sieht die Situation ganz anders aus. Sexueller Mißbrauch an Kindern ist verboten und wird unter Umständen mit Gefängnis bestraft. Kinder werden von ihren Eltern, im Kindergarten, in der Schule und von der Kriminalpolizei vor dem fremden Täter gewarnt. Nicht erwähnt wird, daß Männer, die Kinder sexuell mißbrauchen, den Betroffenen meistens bekannt oder sogar mit ihnen verwandt sind. Kinder werden also nicht darüber aufgeklärt, daß sie auch von guten Bekannten und Verwandten zu sexuellen Handlungen gedrängt werden können. Über den sexuellen Mißbrauch in der Familie durch Väter, Stiefväter, Großväter, Brüder und Onkel wird nicht gesprochen, so als käme das nicht vor. Mädchen glauben deshalb oft, die einzigen zu sein, denen das passiert. Sie fühlen sich schuldig und machen sich und ihr Verhalten für die Tat verantwortlich. Das Totschweigen dieser Problematik verhindert nicht den sexuellen Mißbrauch, führt aber dazu, daß sexuelle Handlungen durch Väter und andere Verwandte im Bewußtsein von Erwachsenen und Mädchen nicht vorkommen. So ist es nicht verwunderlich, daß entsprechende Anzeichen bei Mädchen, die als Folge von sexuellem Mißbrauch auftreten können, von Erwachsenen übersehen werden. Auch Andeutungen Betroffener werden überhört und ihre direkten Aussagen als «rege Phantasie» abgetan. Die Betroffenen werden damit allein gelassen und erhalten keine Hilfe und Unterstützung.

Die Rolle der ÄrztInnen

Bei der Enttabuisierung von Kindesmißhandlung in der Familie haben auch KinderärztInnen eine große Rolle gespielt (Trube-Becker 1982, S. 9). Sie haben Anzeichen von körperlicher Mißhandlung und Vernachlässigung publiziert, ihre FachkollegInnen darauf hingewiesen und schließlich auch Kindesmißhandlung als soziales Problem bekanntgemacht (Kempe & Kempe 1980). Wenn auch viele ÄrztInnen immer noch vor Kindesmißhandlung in der Familie die Augen verschließen und sich hinter ihrer Schweigepflicht verschanzen, so hat das Engagement mancher ÄrztInnen viel zum Schutz mißhandelter Kinder beigetragen.

Bei auffälligem Verhalten von Mädchen – dagegen – ziehen ÄrztInnen nur selten einen sexuellen Mißbrauch in Betracht; erwähnen Mädchen sexuelle Übergriffe, reagieren die ÄrztInnen noch viel zu oft mit Unglauben (Trube-Becker 1982, S. 120). Dazu ein Beispiel:

Eine Mutter suchte wegen sexueller Übergriffe eines Cousins

auf ihre fünfjährige Tochter ihren Kinderarzt auf. Das Mädchen
weigerte sich, in Gegenwart des Arztes ihre Kleidung auszuzie-
hen. Daraufhin fragte der Arzt die Mutter: «Stellt die sich immer
so an?» Die Mutter empfand diese Reaktion des Arztes so verletzend, daß sie sich nicht mehr in der Lage fühlte, dem Arzt von den
Übergriffen zu berichten.

Kleine Mädchen, die sich vor Männern nicht ausziehen mögen,
haben damit schlechte Erfahrungen gemacht. Ärzte sollten darauf
sehr sensibel reagieren.

Selbst bei sicheren Diagnosen (z. B. Bißspuren im Genitalbereich, Geschlechtskrankheiten, Schwangerschaften bei sehr jungen Mädchen etc.) scheinen sie nicht auf die Idee zu kommen, als
Ursache dieser Anzeichen sexuellen Mißbrauch durch ein Familienmitglied in Betracht zu ziehen.

Das ignorante Verhalten von ÄrztInnen, was die Problematik
des sexuellen Mißbrauchs anbetrifft, ist einmal im Zusammenhang zu sehen mit der generellen Tabuisierung der Thematik in
unserer Gesellschaft. Daneben spielt sicher auch Freuds Widerruf
der Verführungstheorie eine Rolle, wodurch der sexuelle Mißbrauch an Mädchen, besonders durch Väter und Stiefväter, in
den Bereich der Phantasie der Betroffenen gerückt wird. Freud
hatte in seiner privaten Praxis festgestellt, daß viele seiner Patien-
tinnen, die in der Regel aus angesehenen, wohlhabenden Familien
stammten, innerhalb der Familie – zumeist vom Vater – sexuell
mißbraucht worden waren. Auf dieser Entdeckung basiert seine
Verführungstheorie aus dem Jahre 1896.

Aus verschiedenen privaten und gesellschaftlichen Gründen
mußte Freud diese Theorie widerrufen. Er deutete die reale durch
männliche Familienmitglieder erfahrene sexuelle Gewalt seiner
Klientinnen als deren Phantasieprodukt um. Indem Freud die
schlimmen Erfahrungen seiner Klientinnen nicht mehr als real an-
nahm, sondern interpretierte, blendete er ihre Traumata aus.
Freud wechselte die Seiten: während er – mit der Verführungstheorie – sich vor seine schutzbedürftigen Klientinnen stellte,
stellte er sich nun – mit dem Widerruf der Verführungstheorie
(1897) – auf die Seite der Mächtigen, die sexuelle Gewalt ausüben.

Diese Interpretation stellte für die damalige (und heutige) Gesellschaftsordnung keine Bedrohung mehr dar (Krüll 1979; Masson 1984).

Konsequenzen für die Intervention in der Familie

Die Geschichte der Kindesmißhandlung, die Rechtfertigung von Schlagen als Erziehungsmaßnahme und auch die Begleitumstände der Kindesmißhandlung (die gesamte Familie weiß davon; Verletzungen beweisen die Mißhandlung etc.) haben zur Folge, daß Eltern bei der Aufdeckung der Mißhandlung durch Dritte die Handlungen oft zugeben oder sich zum Teil auch selbst beim Kinderschutzbund melden. Sie sehen ein, daß sie sich falsch verhalten haben, suchen oftmals selbst Hilfe und Unterstützung, um in Zukunft Mißhandlungen zu vermeiden.

Ablauf und Begleitumstände des sexuellen Mißbrauchs an Mädchen (starke gesellschaftliche Tabuisierung; Geheimhaltung auch innerhalb der Familie; das Fehlen von körperlichen Verletzungen; nicht zuletzt die fehlende parteiliche Unterstützung für die Mädchen etc.) verhindern, daß sexuelle Übergriffe an Mädchen bekannt werden. Da es selten Beweise für die Tat gibt, leugnen die Täter die Handlungen auch in den Fällen, in denen Mädchen über den sexuellen Mißbrauch berichten (Furniss 1986b, S. 42; Sgroi 1982). Mit Unterstützung der gesamten Familie verstärken sie häufig den Druck auf das betroffene Mädchen, die Anschuldigungen zurückzunehmen. Dem Mädchen bleibt nichts anderes übrig, als dem Druck nachzugeben (Sgroi 1982, S. 24). Die Familie lehnt unter dem Druck des Täters jede Hilfe und Unterstützung Dritter ab. Das bedeutet: FamilienhelferInnen haben nicht die geringste Handhabe zu intervenieren, und es gibt scheinbar keinen Grund, das Mädchen aus der Familie zu nehmen. So wird meistens der Mißbrauch fortgesetzt, wenn sich der Täter wieder sicher fühlt.

Bei sexuellem Mißbrauch besteht – im Unterschied zur körperlichen Kindesmißhandlung – die Alternative «Helfen statt Strafen» nicht. Auch die Prinzipien «Offenheit» und «Freiwilligkeit», die z. B. für die Arbeit der Kinderschutzzentren gelten, lassen sich nicht auf die Problematik des sexuellen Mißbrauchs in der Familie übertragen.

Über den sexuellen Mißbrauch wird nicht offen gesprochen und Täter melden sich weder freiwillig, noch unterziehen sie sich freiwillig irgendeiner therapeutischen Maßnahme. Im Gegenteil: sexueller Mißbrauch unterliegt strengster Geheimhaltung. Der Täter ist in den wenigsten Fällen geständig; er ist weder bereit, die Verantwortung für sein Handeln zu übernehmen, noch die Konsequenzen zu tragen. Sexueller Mißbrauch ist eine Wiederholungstat. Täter und betroffenes Mädchen sind deshalb immer zu trennen, weil die Mädchen nicht für ihren eigenen Schutz sorgen können. Dies soll kein Plädoyer für eine Anzeige oder Gefängnisstrafe sein; sondern ich möchte deutlich machen, daß für professionelle HelferInnen ein Umdenken bei dieser Problematik dringend erforderlich ist. Der Schutz der Betroffenen vor weiteren Übergriffen sollte bei Interventionen immer an erster Stelle stehen. Ein Beispiel:

Eine Mutter kam mit ihrer 14jährigen Tochter zum Jugendamt. Die Mutter erzählte der Sozialarbeiterin, daß der Vater die Tochter mißbrauche. Die Tochter war von ihrem Vater schwanger. Die Sozialarbeiterin redete mit der Mutter in Anwesenheit des Mädchens, versäumte jedoch, auch mit der Jugendlichen allein zu sprechen. Am Ende des Gesprächs verabredete die Mutter mit der Sozialarbeiterin, daß Mutter und Tochter zunächst zu ihrem Schutz vor dem gewalttätigen Vater bei der Schwester der Mutter wohnen. Der Vater des Mädchens holte beide noch am selben Abend bei der Tante ab. Das Mädchen sagte bei den folgenden Gesprächen mit der Sozialarbeiterin aus, der Vater habe sie nicht vergewaltigt; sie habe mit einem Freund geschlafen. Die Mutter machte keine Aussagen mehr. Die Sozialarbeiterin hatte keinen Grund mehr, das Mädchen aus der Familie zu nehmen. Der Mißbrauch wird weitergehen, sobald sich der Täter wieder sicher fühlt.

Professionelle HelferInnen, die mit Familien arbeiten, in denen sexueller Mißbrauch vorkommt, sollten immer die oben dargestellten Begleitumstände des sexuellen Mißbrauchs beachten, weil ohne deren Berücksichtigung Interventionen den Mißbrauch nicht beenden, sondern die Situation des betroffenen Mädchens noch zusätzlich verschlechtern.

II. Die Arbeit mit Mädchen

Zur Situation der Mädchen in der Familie

Unter sexuellem Mißbrauch an Mädchen stellt man sich meist erzwungene sexuelle Gewalt vor, wobei der Täter ein hohes Maß an Widerstand beim Mädchen überwinden muß, um sich an ihrem Körper sexuell befriedigen zu können. Sexuelle Übergriffe müßten demnach immer auch körperliche Verletzungen hinterlassen. Das ist bei sexuellem Mißbrauch durch eine Vaterfigur an der Tochter nur selten der Fall. Dennoch mißbrauchen Väter ihre Töchter auch im Rahmen von körperlichen Züchtigungen, Bestrafungen, körperlicher Mißhandlung, Schlägen und sonstigen Demütigungen. Hier ist die sexuelle Gewalt Bestandteil alltäglicher Gewaltanwendung von Familienvätern gegen die Frau und die Kinder.

Eine Voraussetzung dafür, daß sexueller Mißbrauch ohne grobe Gewaltanwendung in der Familie passieren kann, ist ein großes Vertrauensverhältnis des Mädchens zum Täter. Väter fördern diese Vertrauensbeziehung, indem sie diese Tochter den anderen Geschwistern vorziehen, sich bei Streitigkeiten in der Familie immer auf ihre Seite stellen und sie mit Geschenken belohnen. Damit isolieren sie das Mädchen innerhalb der Familie, machen sie zu ihrem besonderen Schützling, zu «Papas Liebling» oder «Papas kleiner Frau», um im folgenden die Situation für sich auszunutzen.

Zusätzlich begünstigt ein gestörtes Vertrauensverhältnis zwischen Mutter und Tochter sexuelle Übergriffe durch den Vater. Je schlechter die Beziehung zwischen Mutter und Tochter, um so sicherer kann sich der Täter fühlen, daß sein Geheimnis gewahrt bleibt. Es liegt deshalb durchaus im Interesse des Täters, einen Keil zwischen Mutter und Tochter zu treiben. Das gelingt ihm z. B. durch emotionale und materielle Bevorzugung der Tochter und durch vermeintliche Aufwertung ihrer Person. Er stilisiert die Tochter nicht selten zu seiner Frau und Geliebten und spielt damit Mutter und Tochter gegeneinander aus. Zusätzlich intrigiert er in der Regel gegen die Mutter, indem er der Tochter immer wieder erzählt, daß seine Frau für seine emotionalen und sexuellen Wünsche nie da sei. Damit appelliert er an das Verantwortungsgefühl der Tochter, seine emotionalen Wünsche zu erfüllen. Durch seine Verpflichtung zur Geheimhaltung macht er die Tochter zu seiner Komplizin; damit nimmt er ihr zusätzlich die Möglichkeit, sich der Mutter anzuvertrauen.

Das Mädchen wird auf diese Weise vom Vater in die Rolle einer Frau gedrängt, mit allen daraus erwachsenden Aufgaben und Pflichten, womit sie aufgrund ihres Entwicklungsstandes total überfordert ist. Sie muß dem Vater Vertraute und Geliebte sein; befindet sich in einer Konkurrenzsituation zur Mutter; muß Aufgaben und Pflichten in der Familie übernehmen und für alles auch die Verantwortung tragen. In dieser Rolle hat sie zunächst das Gefühl, aufgrund der engen Verbundenheit mit dem Vater, mächtig und stark zu sein. Die mit dieser Position verbundene Macht wird ihr jedoch vorenthalten (vgl. auch Rothen 1988). Sobald sie nur versucht, sich gegen den Vater zu stellen, sich seinen Wünschen zu widersetzen, spürt sie, wie verlassen, einsam und ohnmächtig sie ist.

Mädchen durchschauen das Handeln des Täters oftmals anfänglich nicht. Zunächst genießen sie es, von ihm geliebt und bevorzugt behandelt zu werden, von ihm Zuneigung und Zärtlichkeiten zu bekommen. Der Täter plant die Mißbrauchshandlungen genau und tarnt die ersten Übergriffe, damit das Mädchen sie nicht bemerkt. Zum Beispiel faßt er das Mädchen beim Spielen und Toben «wie zufällig» an die Brust oder ins Höschen. Er macht Ausziehspiele mit ihr, wobei sie sich zur Schau stellen und auch seinen Penis anfassen muß. Er legt sich nachts zu ihr ins Bett, fummelt an ihr herum und befriedigt sich an ihrem Körper. Die ersten Übergriffe verunsichern die Mädchen; sie wissen nicht genau: ist das Zufall oder Absicht des Mannes. Der Mißbrauch kann noch so gut getarnt sein, Mädchen spüren genau, wenn aus Zärtlichkeiten und Schmusen sexueller Mißbrauch wird. Häufig können sie das, was da passiert, jedoch zunächst nicht einordnen und haben keine Worte dafür, es zu benennen. Sie wissen aber, daß sie das nicht wollen und zeigen das auch dem Täter. Sie meiden Situationen, in denen das wieder vorkommen kann; machen sich steif, stellen sich schlafend. Täter übergehen diesen Widerstand. Sie versuchen Mädchen davon zu überzeugen, daß das, was sie mit ihnen machen doch schön sei, daß es Spaß mache, sagen zum Beispiel, daß alle Väter das mit ihren Töchtern machen, daß man nur nicht darüber spreche. Mädchen, die die sexuellen Manipulationen nicht als schön empfinden können und dies dem Täter auch zeigen, werden vom Vater als «dumme Ziege», «blöde Gans», «genauso zickig wie deine Mutter», etc. beschimpft. Sie haben schließlich nur die Alternative, «irgendwie» alles über sich ergehen zu lassen oder mit körperlicher Gewalt dazu gebracht zu werden, dem Täter zu Willen zu sein.

Mädchen können sich den Bruch im Verhalten des Vaters nicht erklären. Sie können nicht fassen, wie aus dem lieben, fürsorglichen Vater jemand werden kann, der so etwas macht. Sie stellen sich oft die Frage, wie der Vater sich von einem auf den anderen Tag so verändern kann. Da sie das Verhalten des Täters nicht verstehen können und auch mit niemandem darüber sprechen können und dürfen, glauben sie, daß es an ihrer Person liege, daß der Vater so etwas mit ihnen macht. Sie nehmen die Verantwortung für den sexuellen Mißbrauch auf sich. Einige Mädchen glauben, daß sie sich nur genügend anstrengen müssen, damit ihnen die Handlungen auch Spaß machen. Wenn sie die Handlungen trotz großer Anstrengungen nicht schön, sondern lästig, ekelig, schrecklich und schmerzvoll finden, glauben sie, daß ihre Gefühle nicht stimmen. Sie empfinden sich als unzulänglich und nicht mehr liebenswert. Sie zweifeln an sich und ihrer Person.

Um Mädchen ungestört über Jahre hinweg sexuell mißbrauchen zu können, fordern Täter fast immer von den Mädchen Geheimhaltung über das Geschehen. Alle verbalen Drohungen enthalten auch immer eine Schuldzuweisung an das Mädchen für den Fall, daß sie das Geheimnis bricht. «Wenn du das erzählst, muß ich ins Gefängnis.» «Wenn das rauskommt, stirbt die Omi.» «Die lachen alle über dich, das glaubt dir doch keiner.» «Du mußt ins Heim.»

Mädchen unternehmen alles erdenklich Mögliche, um der Situation zu entkommen. Wenn alle Widerstandsformen nicht weiterhelfen, der Geheimhaltungsdruck unerträglich wird, und sie es nicht schaffen, die Handlungen alleine zu beenden, bemerken sie die Falle. Wenn der sexuelle Mißbrauch durch den Vater geschieht, gibt es für sie kaum eine Möglichkeit, seinen Übergriffen auszuweichen. Sie fühlen sich ohnmächtig und ihm hilflos ausgeliefert. Zu diesem Zeitpunkt ist es ihnen oftmals unmöglich, die Mutter ins Vertrauen zu ziehen. Sie haben das Gefühl, den Zeitpunkt verpaßt zu haben, sich der Mutter mitzuteilen.

In dieser Situation haben betroffene Mädchen große Angst, sich vertrauensvoll an eine dritte Person zu wenden. Sie wissen, ahnen und befürchten, was passiert, wenn sie über den sexuéllen Mißbrauch sprechen. Sie haben die Drohungen des Täters verinnerlicht: Sie befürchten zum Beispiel, daß niemand ihnen glaubt, daß die Familie zerbricht, der Vater ins Gefängnis muß und sie in ein Heim eingewiesen werden. Deshalb schweigen sie und tragen die Verantwortung für den sexuellen Mißbrauch, für den Täter und die Familie über viele Jahre.

Grundsätze in der Arbeit mit betroffenen Mädchen

Die Krise der professionellen HelferInnen

Die Problematik des sexuellen Mißbrauchs an Mädchen in der Familie löst auch bei professionellen HelferInnen starke Emotionen, große Verunsicherung und Angst aus. Es handelt sich dabei ja um Sexualität, um die Verknüpfung von Sexualität und Gewalt innerhalb der Familie und um sexuelle Gewalt durch Väter an ihren Töchtern. Eine Auseinandersetzung damit verlangt unter anderem, die eigene Geschlechtsrolle zu reflektieren, die Art und Weise, wie Männer ihre Sexualität leben, zu hinterfragen, die bestehenden Machtstrukturen zwischen Männern und Frauen in Frage zu stellen, die eigenen Eltern kritisch zu betrachten und die Institution der Kernfamilie zu überdenken.

Professionelle HelferInnen, die ihre eigene emotionale Betroffenheit zu dieser Problematik nicht geklärt haben, sind nicht in der Lage, mit Betroffenen an deren Trauma zu arbeiten.

Der erste Schritt einer hilfreichen Beratung und Unterstützung der Mädchen ist die Bereitschaft der professionellen HelferInnen, die Möglichkeit eines sexuellen Mißbrauchs durch eine Vaterfigur überhaupt in Betracht zu ziehen.

Frauen als Beraterinnen

Sexueller Mißbrauch und Vergewaltigung sind Delikte, die fast ausschließlich von Männern an Mädchen und Frauen verübt werden. Frauen leben mit der realen alltäglichen Angst vor Vergewaltigung. Männern ist diese Angst vollkommen fremd; sie können sich nicht in die Lage eines Mädchens oder einer betroffenen Frau hineinversetzen, weil sie selber niemals in diese Situation kommen.

So betrachten die meisten Männer sexuellen Mißbrauch und Vergewaltigung ausschließlich als Sexualdelikte – für Mädchen und Frauen sind es Gewaltdelikte. Die Erfahrung, sexuell mißbraucht oder vergewaltigt worden zu sein, wirkt sich schädigend auf das gesamte weitere Leben und damit auch negativ auf alle weiteren Sexualerfahrungen der betroffenen Frauen aus.

Silverman (1977) analysierte in den USA das Verhalten von Männern, die Beratung und Therapien mit Frauen, die vergewaltigt worden waren, machten. Er kam zu folgenden Ergebnissen:

Therapeuten identifizieren sich als Mann häufig mit dem Täter. Sie haben Angst davor, als Mann zurückgewiesen zu werden, weshalb sie versuchen, ihre Klientinnen davon zu überzeugen, daß nicht alle Männer gewalttätig sind. Sie bieten sich den Frauen als

vorbildliches Männermodell an. Männer haben bei der Beratung
vergewaltigter Frauen das Gefühl, kompensatorisch oder korrek-
tiv intervenieren zu müssen. Es ist für sie schwer zu verstehen und
zu akzeptieren, daß Folgen sexueller Gewalt das ganze Leben
einer Frau beeinflussen. Männliche Therapeuten intervenieren
immer zugunsten des Mannes. Das bedeutet: sie nehmen die Erfahrungen ihrer Klientinnen nicht ernst. Sie vermitteln den Betroffenen, daß sie an den falschen Mann geraten sind und daß deshalb die Beziehung scheiterte. Frauen werden so daran gehindert,
ein Lebenskonzept mit Männern überhaupt in Frage zu stellen.
Damit werden traditionelle Ehe- und Familienvorstellungen aufrechterhalten, die besonders für Frauen mit Gewalterfahrungen
so nicht lebbar sind (Metz-Göckel, o. J., S. 44).

Nach meiner Erfahrung in der Beratung und Therapie mit Mädchen und Frauen, die von nahen Verwandten sexuell mißbraucht
wurden, lassen sich diese bewußten und unbewußten Einstellungen männlicher Therapeuten auch auf die Problematik des sexuellen Mißbrauchs übertragen. Ergänzen möchte ich die Analyse
Silvermans über Therapeutenverhalten um folgende Aspekte:
Therapeuten versuchen oft, Erklärungen für das Verhalten des
Täters zu finden. Frauen, die von ihren Vätern über Jahre sexuell
mißbraucht wurden, mußten sich nicht selten von ihren Therapeuten sagen lassen, daß solche Männer krank seien, daß sie ihnen
doch verzeihen sollen und daß sie die sexuellen Übergriffe doch
nicht persönlich nehmen sollen. Frauen, die Opfer von sexueller
Gewalt wurden, haben in ihrer Familie gelernt, Verständnis für
den Täter aufzubringen. Solche Entschuldigungen für das Verhalten des Täters zwingen die Frauen erneut, das Verhalten ihrer De-
mütiger zu verstehen und hindern sie daran, ihren eigenen
Schmerz und die eigene Wut zu spüren, ihnen Ausdruck zu verleihen und ihre traumatischen Erfahrungen zu verarbeiten. Es
schränkt sie in ihrer Selbständigkeit ein und behindert sie, eigene
Widerstandsformen zu entwickeln.

Männliche Therapeuten überredeten Mädchen dazu, sich von
ihnen anfassen und streicheln zu lassen, mit der Begründung: sie
müßten wieder lernen, Vertrauen zu Männern zu haben und auch

vorbildliche Männer erleben, die nicht ausbeuten bzw. mißbrauchen. Damit zeigen Therapeuten ein ähnliches Verhalten wie die Väter der Mädchen, die sie mit den Worten: «Ich liebe dich» mißbrauchten.

Männliche Therapeuten legen mehr Gewicht auf die sexuellen Aspekte eines sexuellen Mißbrauchs als auf die Gewalterfahrung. Ziel ihrer Therapie ist deshalb, daß die Klientin sexuell wieder funktioniert.

Mädchen und Frauen, die in ihrer Kindheit sexuell mißbraucht wurden, zeigen als Folge der Übergriffe nicht selten ein sexualisiertes Verhalten. Das heißt, sie verhalten sich in Mimik und Gestik verführerisch und kleiden sich auch entsprechend. Therapeuten fühlen sich häufig von solchen Klientinnen sexuell erregt und beginnen eine sexuelle Beziehung mit ihnen (Burgess & Hartmann 1986; Hirsch 1986; Herman & Schatzow 1984). Das verführerische Verhalten der jeweiligen Klientin dient ihnen als Legitimation für den sexuellen Kontakt. Weil sie sich als Mann angesprochen und bestärkt fühlen, können sie das verführerische Verhalten ihrer Klientin nicht als Folge des sexuellen Mißbrauchs sehen, weshalb sie als Mann reagieren und nicht als Therapeut. Was die Therapeuten für sich als Affäre verbuchen, stellt für betroffene Frauen einen erneuten Mißbrauch durch eine Person dar, der sie Vertrauen schenkten. In der Literatur finden sich zahlreiche Beispiele von Frauen, die von ihren Therapeuten, von denen sie Hilfe und Unterstützung erwarteten, wieder ausgebeutet wurden (Claman 1987; Burgess & Hartmann 1986; Hirsch 1986, S. 157f; Herman & Schatzow 1984; Kavemann & Lohstöter 1984). Auch mir berichteten viele Frauen, daß ihre Therapeuten mit ihnen geschlafen hatten.

Beratung und Therapie für Frauen, die sexuelle Gewalt erfahren haben, sollte deshalb von Frauen durchgeführt werden. Frauenbewußte Frauen sind aufgrund ihrer Geschlechtszugehörigkeit in der Lage, die erfahrene sexuelle Gewalt nachzuempfinden, weshalb sie den Betroffenen eher Verständnis für ihre Situation entgegenbringen können.

«Eine feministische Beratung, d.h. eine Beratung von

frauenbewußten Frauen im Interesse der Frauen für Frauen, hat
eine gemeinsame Betroffenheit zur Grundlage. Diese ermöglicht
der Beraterin überhaupt erst, sich in die Berater-Rolle und gleichzeitig auch in die Rolle der Rat- und Hilfesuchenden einzufinden»
(Metz-Göckel, o. J., S. 46).

Eine feministische Beratung und Therapie erfordert es, sich als
Beraterin/Therapeutin mit der selbst erfahrenen sexuellen Gewalt auseinandergesetzt sowie die eigene Rolle als Frau in dieser
patriarchalischen Gesellschaft reflektiert zu haben. Das impli-
ziert, die eigenen Gefühle und Einstellungen gegenüber der Problematik des sexuellen Mißbrauchs zu klären und mögliche eigene
Grenzverletzungen in der Kindheit zu bearbeiten. Eine feministische Beratung hebt damit zumindest teilweise den objektiven
Klientinnenstatus der Rat- und Hilfesuchenden auf. Das hilft der
Klientin, unzensiert über ihre Erfahrungen zu berichten, stärkt ihr
Selbstwertgefühl und ihre Fähigkeit, sich zu wehren.

Männliche Therapeuten sollten deshalb besser mit Jungen, die
mißbraucht wurden und mit Tätern arbeiten.

Der folgende Text wendet sich dennoch auch an männliche Be-
rater und Therapeuten, weil sich häufig erst im Laufe einer Beratung bzw. Therapie der sexuelle Mißbrauch als das eigentliche
Problem herausstellt. Mehrfach berichteten mir betroffene
Frauen, daß sie ihre Therapie bei einem männlichen Therapeuten
abbrechen mußten, nachdem sie den sexuellen Mißbrauch mit
Hilfe der Therapie wieder erinnerten. Sie sahen sich nicht in der
Lage, mit ihrem Therapeuten darüber zu sprechen, eine Bearbeitung des Traumas mit einem Mann war ihnen nicht möglich.

Parteilichkeit für die betroffenen Mädchen

Um die Folgen des sexuellen Mißbrauchs zu verringern, sind Beratungsstellen und Therapieplätze und Zufluchtstätten notwendig, die parteilich sind für betroffene Mädchen. Parteilichkeit bedeutet, den Mädchen Gelegenheit geben, über die erlebte sexuelle Gewalt zu reden, ohne sie mit Unglauben und Vorwürfen

zu konfrontieren; sie mit ihren Empfindungen und Gefühlen ernst zu nehmen und ihnen Hilfe und Unterstützung zu geben; sich auf ihre Seite zu stellen, die sexuellen Übergriffe aus ihrer Sicht betrachten und nachempfinden zu können.

Mädchen haben durch den sexuellen Mißbrauch erfahren, daß ihre Bedürfnisse übergangen und ihre Grenzen nicht gewahrt wurden. Sie erlebten sich nur im Hinblick auf die sexuelle Verfügbarkeit als attraktiv und liebenswert. Anerkennung und vermeintliche Aufwertung ihrer Person sind eng mit den Mißbrauchshandlungen verknüpft. Das führt dazu, daß sie nicht lernen, ihre eigenen Bedürfnisse wahrzunehmen. Sie empfinden ihren Körper und ihre gesamte Person als schlecht und unzulänglich. Für betroffene Mädchen ist es deshalb grundlegend wichtig, daß ihre Bedürfnisse und Interessen im Mittelpunkt der Beratung und Unterstützung stehen.

Für Beraterinnen und Therapeutinnen heißt das, sich uneingeschränkt auf die Seite der Mädchen zu stellen. Handlungskonzepte zur Hilfe und Unterstützung müssen aus ihrer Perspektive erarbeitet werden. Dabei dürfen die Mädchen nicht reduziert werden auf einen Klientinnenstatus mit der Diagnose «sexuell mißbraucht». Mädchen müssen in ihrer gesamten Persönlichkeit angesprochen und akzeptiert werden.

Parteilichsein für die jeweilige Betroffene schließt eine Parteinahme der Beraterinnen für die anderen Familienmitglieder und auch für den Täter aus.

Das Geheimnis lüften

Ein Grund, warum Mädchen nur selten von den sexuellen Übergriffen durch eine Vaterfigur berichten, ist die Tatsache, daß sie dem Täter versprechen mußten, darüber zu schweigen. Die Drohungen, mit denen Täter in der Regel die Geheimhaltung erzwingen, enthalten immer auch eine Schuldzuweisung an das Mädchen. «Wenn du das erzählst, erschieße ich mich.» «Wenn du darüber sprichst, kommst du ins Heim» etc. Mädchen wagen es nicht, darüber zu reden, weil sie sich mit schuldig daran fühlen, daß die sexuellen Übergriffe passieren konnten. Die Erklärung des Täters «dies ist unser kleines Geheimnis» suggeriert dem Mädchen, daß die Geheimhaltung auch in ihrem Interesse sei und vermittelt ihr eine aktive Rolle an dem Geschehen. Zudem haben Mädchen oft die Erfahrung gemacht, daß sie darüber mit niemandem reden können und daß das Thema immer große Angst bei ihrem Gegenüber auslöst. Wenn Mädchen ihre traumatischen Erlebnisse ansprechen, sollten sie ermutigt werden, weiter darüber zu sprechen; sie müssen erfahren, daß ihre Therapeutin in der Lage ist, auf diese Problematik einzugehen. Nur dann werden sie den Mut haben, mehr über ihre Kindheit zu berichten. Mädchen spüren sofort, wenn die Thematik ihren Therapeutinnen Angst macht oder unangenehm ist; sie werden dann die sexuellen Übergriffe nicht mehr erwähnen. Oftmals brauchen Mädchen die explizite Erlaubnis, über Geheimnisse auch sprechen zu dürfen. Professionelle sollten diese Erlaubnis geben, das entlastet die Betroffenen vom Geheimhaltungsdruck und erleichtert ihnen die Aussprache.

Den Mädchen glauben

Erzählen Mädchen von den sexuellen Übergriffen, die sie ertragen mußten, ist es ganz wichtig, ihnen zu glauben und ihre Erlebnisse auf gar keinen Fall in Frage zu stellen. Berichte von Mädchen über die erlebte sexuelle Gewalt sind in den allerseltensten Fällen erfunden oder Phantasien, so daß es keinen Grund gibt, ihren Aussagen mißtrauisch gegenüberzustehen. Der Grundsatz jeder Beratung und Therapie, KlientInnen mit dem, was sie erzählen, ernst zu nehmen und ihnen zu glauben, scheinen professionelle Helferinnen bei der Problematik des sexuellen Mißbrauchs an Mädchen durch ein Familienmitglied immer noch zu selten anzuwenden. Hier sehen sich auch viele Therapeutinnen genötigt, durch Nachfragen den Wahrheitsgehalt der Aussage ihrer Klientin zu überprüfen. Mädchen und Frauen machen in Beratung und Therapien noch allzu oft die schlechte Erfahrung, daß ihren Aussagen nicht geglaubt wird, was unter Umständen die Folgen zusätzlich verschlimmert. Mädchen, die sich mit sexuellen Gewalterfahrungen durch männliche Familienangehörige an Dritte wenden, sind durchweg glaubwürdig; sie übertreiben selten, sondern verharmlosen eher die Übergriffe des Täters, weil sie sich schämen, sich selbst die Schuld daran geben und sich loyal dem Täter gegenüber verhalten. So verschweigen Mädchen zum Beispiel häufig die Vergewaltigungen und berichten ausschließlich über Belästigungen, um den Vater nicht allzusehr zu belasten.

Die Verantwortung für die sexuellen Übergriffe trägt der Täter

Mädchen schämen sich dafür, daß ihnen sexuelle Übergriffe angetan wurden, und sie geben sich in der Regel selbst die Schuld daran. Deshalb ist es notwendig, ihnen zu vermitteln, daß die Verantwortung für die Handlungen ausschließlich der Täter trägt, egal wie aktiv sie sich als Mädchen verhalten haben. Sexuelle Übergriffe sind bewußt inszenierte Handlungen des Täters. Die Gelegenheiten dazu werden von ihm gesucht und arrangiert. Hinter jedem sexuellen Mißbrauch steckt die Absicht des Täters. Mädchen sind in keiner Weise für die Handlungen verantwortlich; sie haben daran auch keinen Anteil, egal wie aktiv sie sich in der Situation verhalten haben. Sie können die Situation und die Folgen, die daraus für sie erwachsen, nicht überschauen. Es ist der Erwachsene, der die Grenzen setzen muß. Gerade bei Fällen von sexuellem Mißbrauch tendiert die Umwelt sehr leicht dazu, die Mädchen zu beschuldigen. So sind z. B. Fragen, warum sie die Handlungen so lange ertragen, sich nicht deutlicher gewehrt oder nicht mit der Mutter darüber gesprochen haben, wenig hilfreich; im Gegenteil: sie verstärken nur die Schuldgefühle der Klientinnen. Auch Fragen danach, ob die Handlungen nicht doch schöne Gefühle ausgelöst haben, drängen Mädchen wieder zurück in die Situation des Schweigens. Selbst wenn die Übergriffe schöne Gefühle bereitet haben und die Mädchen deshalb aktiv den Kontakt zum Täter ge-

sucht haben, tragen sie keine Mitschuld. Kinder brauchen Zärtlichkeiten, weshalb sie auch die körperliche Nähe vertrauter Menschen suchen; kleine Kinder sind auf ihre Eltern angewiesen, aber
genau diese Abhängigkeit macht sie auch ausbeutbar. Selbst wenn
das Vertrauen in die Eltern aufgrund der sexuellen Übergriffe gebrochen ist, haben besonders kleine Mädchen meist niemanden,
dem sie sich anvertrauen können. Das bringt sie in die Situation,
dem Täter über Jahre ausgeliefert zu sein. Mädchen, die bei den
sexuellen Handlungen auch angenehme Gefühle empfanden, haben als Erwachsene große Schuldgefühle und können sich ihre
Empfindungen und ihr Verhalten als Mädchen nicht verzeihen.
Betroffene Frauen sind sehr sensibel für Verletzungen und
Schuldzuweisungen, weshalb sie auch manchmal Therapien abbrechen. (siehe hierzu auch Ehrhardt & Verbeet 1987)

Die Mädchen in ihrer gesamten Person akzeptieren

Bei der Betreuung und Unterstützung von Mädchen ist eine we-
sentliche Aufgabe, diese in ihrer gesamten Persönlichkeit zu akzeptieren, um sie aus ihrem Erleben vom «Anderssein» und «Ge-
spaltensein» herauszuholen. Mädchen sollten weder als «sexuell
mißbraucht» abgestempelt, noch auf die «Verhaltensauffälligkeiten» und «Störungen», die als Folge der sexuellen Gewalterfahrungen auftreten, reduziert werden. Gerade die Folgen der sexuellen Übergriffe müssen als ihre damaligen Widerstandsformen
und Stärken verstanden werden. Hier gilt es anzusetzen.
    Für die Betreuung und therapeutische Arbeit mit Mädchen be-
deutet das, sie in ihrem gesamten Lebenskontext zu betrachten.
Es sind nicht nur die aus dem sexuellen Mißbrauch resultierenden
Probleme alleine wichtig, sondern zu berücksichtigen sind auch
alle anderen gesellschaftlichen Bedingungen, die für Mädchen
und Frauen eine Benachteiligung und Diskriminierung bedeuten.
Diese Grundsätze sollten wesentlicher Bestandteil der Arbeit mit
Mädchen (und Frauen) sein.

Beratung und Unterstützung von Mädchen

In der Arbeit mit Mädchen ist oftmals der erste Schritt, eine Diagnostik mit dem betroffenen Mädchen durchzuführen, um den Verdacht auf sexuellen Mißbrauch zu erhärten bzw. aufzuheben. In der Regel besteht erst dann die Möglichkeit, den Schutz des Mädchens vor weiteren Übergriffen zu sichern, wenn der sexuelle Mißbrauch bewiesen und der Täter benannt ist. Der Tatbestand des sexuellen Mißbrauchs an Mädchen kann nur durch Gespräche mit dem betreffenden Mädchen gesichert werden. Das ist eine psychologisch-diagnostische Aufgabe. Da bei sexuellem Mißbrauch an Mädchen in der Regel Männer die Täter sind, sollte eine Diagnostik immer von einer in dieser Sache erfahrenen Frau durchgeführt werden. Mädchen können am besten in einer nicht bedrohlichen Situation über das sprechen, was ihnen angetan wurde. Die Anwesenheit eines Mannes kann für sie schon Gefühle von Unsicherheit und Bedrohung auslösen. Um ein Mädchen vor weiteren sexuellen Handlungen bewahren zu können, sollte der Verdacht in relativ kurzer Zeit abgeklärt werden. In wenigen Gesprächen von dem Mädchen die Handlungen und den Täter zu erfahren, ist häufig schwierig. Deshalb sollen im folgenden Hilfen für das Gespräch mit Mädchen aufgezeigt werden.

Das Gespräch mit kleinen Mädchen (3–6 Jahre)

Professionelle Helferinnen, die mit Kindern arbeiten, sollten fundierte Kenntnisse über sexuellen Mißbrauch haben (vgl. Kapitel I).

Kinder sind keine kleinen Erwachsenen; sie denken und empfinden anders. Fachkräfte, die mit kleinen Mädchen eine Diagnostik durchführen wollen, sollten sich in ein Mädchen einfühlen und Dinge aus ihrer Sicht betrachten können. Eine Voraussetzung für ein erfolgreiches Gespräch mit kleinen Mädchen ist das Vertrauen des Mädchens zu der Beraterin bzw. Therapeutin. Nur wenn das Mädchen Vertrauen hat und sich in ihrer Umgebung sicher fühlt, wird sie sich mitteilen. So ist es die Aufgabe dieser Beraterin/Therapeutin, den Kontakt herzustellen und Vertrauen aufzubauen. Dazu muß sie geduldig, spontan, kreativ sein und dem Mädchen nicht die eigenen Gefühle überstülpen. Vertrauen aufzubauen, braucht Zeit; d. h. in der Regel ist es nicht möglich, die Informationen über sexuelle Übergriffe, die professionelle Helferinnen von dem Mädchen erfahren wollen, in einem oder zwei Gesprächen zu erhalten.

Erwachsene, die mit Kindern spielen und sprechen wollen, sollten sich immer auf die Höhe der Kinder begeben; d. h. sie sollten sich hinsetzen und hinknien. Sie sollten den Mädchen Kontrolle erlauben, sie unterstützen und zu nichts drängen. Puppen und Handpuppen sind für Mädchen eine große Hilfe beim Erzählen.

Vor dem Beginn der Diagnostik mit dem Mädchen sollte ein Gespräch mit der Mutter oder einer anderen sehr vertrauten Person des Mädchens stattfinden. Die professionelle Helferin kann darin wichtige Dinge über die Familie und den Alltag des Mädchens erfahren, was hilfreich für das Gespräch mit dem Mädchen ist. Die Beraterin/Therapeutin sollte z. B. Personen aus der Familie des Mädchens und andere wichtige Erwachsene aus ihrem Alltag mit Namen kennen, über tägliche Routinen informiert sein, wissen, welche Namen für Körperteile (auch Geschlechtsteile) in der Familie verwendet werden. Sie sollten die Verhaltensauffälligkeiten und Probleme des Mädchens kennen und wissen, wie der Verdacht des sexuellen Mißbrauchs entstand bzw. wem und wie sich das Mädchen anvertraut hat. Vertrauenspersonen des Mädchens sind zu ihrer Unterstützung bei Interventionen immer einzubeziehen.

Eine Voraussetzung für das Gespräch mit einem kleinen Mädchen ist ein ruhiger, ungestörter Raum, wo sich das Mädchen sicher fühlt und adäquates Spielmaterial vorhanden ist. Folgende Spielmaterialien sind zu empfehlen: ein Puppenhaus, um familiäre Situationen nachspielen zu können; Handpuppen (verschiedene Tiere, auch Personen); mindestens vier anatomische Puppen (das sind Puppen mit Geschlechtsteilen und Körperöffnungen, an denen Mädchen demonstrieren können, was ihnen angetan wurde). Darüber hinaus: Malstifte, Papier, verschiedene Spiele, eine Kuschelecke, in die Mädchen sich zurückziehen können.

Die Mutter des Mädchens oder andere Betreuungspersonen sollten nicht im Raum anwesend sein oder zumindest außerhalb des Sichtfeldes des Mädchens sitzen.

Auch für sehr kleine Mädchen gilt: Sie lügen niemals, wenn sie über den sexuellen Mißbrauch berichten. Kleine Mädchen erleben sexuelle Übergriffe, die in Toben und Kitzeln eingepackt sind, solange sie vom Täter nicht verletzt oder unter Druck gesetzt werden, oftmals als Spiel. Zum Beispiel beginnen viele Täter mit sexuellen Übergriffen im Rahmen von Wickeln, Toben oder Kitzeln. Sie lecken ihre 3–4jährige Tochter an der Vulva, um sich und die Tochter sexuell zu stimulieren. Mädchen empfinden das als angenehm, schön und kitzelig und wollen, daß der Vater diese Handlungen wiederholt. Sobald die Übergriffe jedoch mit Schmerzen, psychischem Druck, Geheimhaltung oder mit Gewaltanwendung verbunden sind, wissen Mädchen, daß es sich nicht um ein Spiel handelt. Sie lehnen die Handlungen ab und versuchen, sich der Mutter oder einer anderen vertrauten Person mitzuteilen. Sexuelle Übergriffe auf Mädchen sollten immer unterbunden werden, auch dann, wenn sie dem Mädchen als solche noch nicht erkennbar sind, sondern für sie noch Spiel und Spaß bedeuten. Mädchen können die schädigenden Folgen, die der sexuelle Mißbrauch für sie haben wird, nicht überschauen. Eine Diagnostik mit einem Mädchen sollte immer sehr einfühlsam und behutsam stattfinden, damit durch die Diagnostik nicht zusätzliche Schädigungen entstehen. Das ist besonders dann zu beachten, wenn die sexuellen Handlungen zur Zeit der Diagnostik von dem Mädchen noch als Spiel betrachtet werden. Es kommt jedoch seltener vor, daß für ein Mädchen in diesem Stadium eine Diagnostik beantragt wird; meist werden soziale Fachkräfte erst auf einen sexuellen Mißbrauch aufmerksam, wenn ein Mädchen schon starke Verhaltensauffälligkeiten zeigt.

Vor einem Gespräch mit Mädchen, sollten Helferinnen wissen: Kinder verstehen mehr, als sie sprechen. Deshalb sind im Gespräch mit ihnen, einfache Worte und Sätze zu verwenden; doppelte Negationen sind zu vermeiden; Namen von Familienmitgliedern, die der Beraterin/Therapeutin bekannt sind, sollten benutzt werden, weil sich darüber sehr schnell Kontakt herstellen läßt, was die Unterhaltung mit dem Mädchen sehr erleichtert. «Dann»-Sätze und «wenn-dann»-Sätze sollten nicht verwendet werden. Solche Formulierungen sind für kleine Mädchen oftmals zu schwierig zu verstehen und können deshalb zu Mißverständnissen führen.

Kleine Mädchen haben noch kein (oder nur ein geringes) Zeitgefühl. Sie sind überfordert, einzuschätzen, ob etwas letzte Woche oder vor einem Monat stattfand. Hilfreich im Gespräch ist es, das Geschehen vor oder nach Festen, Feiertagen, Geburtstagen etc. zu lokalisieren. Z.B.: «War das vor oder nach deinem Geburtstag?» «War das vor oder nach Weihnachten?» «Geschah es an einem Wochenende oder einem Kindergartentag?»

Weil Kinder sehr egozentrisch sind und alles auf sich beziehen, glauben sie, daß sie die Ursache aller Dinge sind, die passieren. Fragen, die mit «warum» beginnen, verstehen kleine Mädchen oftmals nicht. Sie reagieren abweisend, ziehen sich zurück, weil solche Fragen häufig mit Ärger verbunden waren: «Warum hast du das getan?»

Fragen, die mit «verstehst du?» enden, waren möglicherweise mit Belehrungen verknüpft: «Du sollst nicht mit schmutzigen Schuhen auf dem Teppich laufen, verstehst du?» und zusätzlich vermitteln sie dem Mädchen nicht selten das Gefühl, eine falsche Antwort gegeben zu haben, weshalb sich Mädchen danach oftmals zurückziehen. Hilfreicher ist es, die Frage mit anderen Worten zu wiederholen.

Professionelle Helferinnen, die mit kleinen Mädchen arbeiten, sollten ferner wissen, daß kleine Mädchen die Angst vor Verlust von Liebe, die Angst vor Verletzungen und Schuld- und Schamgefühle sprachlich nicht ausdrücken können.

Kleine Mädchen können oftmals nicht in Worte fassen, was ihnen angetan wurde. Für sie ist das Spiel die geeignetste Methode, sich mitzuteilen, weil das Spiel ein motorisches Ausagieren dessen, was stattgefunden hat, ermöglicht. Der sexuelle Mißbrauch macht Mädchen nicht selten sprachlos, weshalb sie das Geschehene selten selbst ansprechen. Mit Hilfe geeigneter Spielmaterialien sollte dem Mädchen das Aussprechen erleichtert werden.

Offenheit und Ehrlichkeit dem Mädchen gegenüber erleichtern den Einstieg in ein Gespräch. Beraterinnen sollten Mädchen nichts vormachen, sondern ihnen ehrlich sagen, weshalb sie zu einem Gespräch zu ihnen gebracht wurden und was mit ihnen passiert. Es ist wichtig, dem Mädchen zu vermitteln, daß die Gespräche ihrem Wohlbefinden dienen.

(B = Beraterin; M = Mädchen)

B: Sara, weißt du, warum du hier bist?

M: Mama sagt, du willst mit mir sprechen.

B: Deine Mama sagt, es gibt etwas, was dich beunruhigt. Vielleicht können wir zusammen herausfinden, was das ist?

    oder:

B: Sara, weißt du, warum du hier bist?

M: Nein

B: Deine Mama macht sich Sorgen, weil du nachts immer aufwachst und schreist. Ich möchte zusammen mit dir herausfinden, was dich beunruhigt.

Die Beraterin sollte das Mädchen in den Raum führen, in dem das Gespräch stattfinden soll, ihr die Spielsachen zeigen, erklären, daß sie mit vielen Mädchen spreche und daß die Puppen und Tiere ihr dabei helfen. Sie sollten das Mädchen auffordern, sich ein Spielzeug auszusuchen: «Hast du Lust mit mir zu spielen?» «Was magst du spielen?» Die Beraterin/Therapeutin kann dem Mädchen auch ein Spiel vorschlagen. Am Puppenhaus z. B. kann das Mädchen ihre häusliche Situation darstellen. Durch einfühlsames Nachfragen, kann die Beraterin fehlende Informationen erhalten. Zum Beispiel:

– «Mit wem wohnst du in eurer Wohnung zusammen?»

– «Hast du auch Geschwister?»

– «Ist es schön mit xx zu wohnen?»

Mädchen, die sich von der Beraterin/Therapeutin angenommen fühlen, lassen sich auf Spiele ein. Im Puppenhaus arrangieren sie die Möbel z. B. so, daß es ihrer elterlichen Wohnung ähnelt. Sie spielen Situationen nach, die sie zu Hause erlebt haben. Manchmal erzählen sie dabei, was ihnen passierte. Auch hier kann die Beraterin/Therapeutin durch einfühlsame Fragen Informationen über das erhalten, was ein Mädchen gerade ausagiert. Wenn Mädchen Vertrauen haben und sich sicher fühlen, erzählen sie oftmals bereitwillig, welche Familienmitglieder oder nahe Verwandte sie mögen und welche sie eher ablehnen. Gibt es Personen, über die sie nicht gerne sprechen, lassen sich die Gefühle der Mädchen dieser Person gegenüber am Verhalten der Mädchen ablesen. Ist ihnen eine Frage unangenehm und fühlen sie sich unwohl, reagieren sie zum Beispiel, indem sie sich kratzen, wenn von dieser Person die Rede ist; oder sie starren ins Leere, als hätten sie die Frage nicht gehört, lenken auf ein anderes Thema über oder sie brechen das Gespräch ab. Sie wollen dann lieber etwas anderes spielen. Darauf sollte die Beraterin/Therapeutin auch eingehen. Sie signalisiert dem Mädchen damit, daß sie ihre Grenzen wahrt. Es gibt genügend Gelegenheiten, zu einer anderen Zeit auf anderem Wege wieder darauf zurückzukommen.

Ein anderer Einstieg kann darin bestehen, dem Mädchen eine fiktive Geschichte von einem anderen Mädchen zu erzählen. Dabei sollten die Umstände des Mißbrauchs denen des anwesenden Mädchens gleichen. Man kann das Mädchen fragen, ob sie so ein Mädchen kennt oder ob sie schon mal so etwas erlebt hat etc. Das hilft Mädchen oftmals über ihre Situation zu sprechen, weil sie erfahren, daß es auch andere Mädchen gibt, denen sexuelle Übergriffe passieren, und daß sie nicht die einzigen sind. So kann es durchaus vorkommen, daß ein Mädchen am Ende der fiktiven Geschichte sagt, «das bin ich»; «mir ist das passiert» oder «mir ist das auch schon passiert».

Mädchen, die nicht über die sexuellen Übergriffe sprechen, hüten ein Geheimnis. Sie fühlen sich loyal dem Vater (und/oder der Mutter) gegenüber und verantwortlich dafür, das «Geheimnis» zu wahren. Oftmals haben sie auch die Drohungen des Täters so verinnerlicht, daß sie nicht wagen, das Geheimnis zu brechen. Hier kann es hilfreich sein, sie von dem Geheimhaltungsdruck zu entlasten. Ein Beispiel:

B: Sara, weißt du, was ein Geheimnis ist?

M: Ja, etwas, das man nicht erzählen darf.

B: Es gibt schöne und schlechte Geheimnisse. Kennst du ein schönes Geheimnis?

M: Ja, mein Geburtstagsgeschenk war ein schönes Geheimnis.

B: Kennst du noch andere schöne Geheimnisse?

M: Der Ausflug ins Safariland war auch ein schönes Geheimnis.

B: Manchmal gibt es auch schlechte Geheimnisse. Kennst du schlechte Geheimnisse?

M: Nein.

B: Schlechte Geheimnisse machen traurig und tun innen sehr weh, ohne daß man es sieht. Kinder, die ein schlechtes Geheimnis bewahren müssen, fühlen sich sehr unwohl damit. Sie fühlen sich sehr alleine, weil sie mit niemandem darüber sprechen dürfen. Sie sind deshalb oft traurig und haben auch Angst. Es gibt Erwachsene, die möchten, daß Mädchen über etwas schweigen, was sie mit ihnen machen. Manchmal drohen sie auch, daß etwas Schlimmes passiert, wenn die Mädchen darüber sprechen.
Kennst du ein solches Geheimnis?

M: (nickt zustimmend)

B: Gibt es jemand, dem du versprochen hast, etwas nicht zu erzählen?

M: (nickt zustimmend)

B: Was passiert, wenn du mir das Geheimnis erzählst?

M: Mama wird sehr böse mit mir sein.

B: Wer sagt, daß Mama mit dir dann böse ist?

M: (schweigt)

B: Wollen wir mal zusammen alles aufschreiben, was dir Angst macht?

M: Ja.

B: (nimmt Papier und Stifte) Was macht dir Angst?

M: Der dunkle Keller; Blitz und Donner; wenn Mama böse ist; Papa; alleine sein; die Erzieherin, wenn sie schimpft...

B: (schreibt alles nacheinander auf) Gibt es noch etwas?

M: Nein.

B: Gibt es noch eine Person, die dir Angst macht?

M: Nein.

B: Magst du mir mal hier (zeigt auf den Block) zeigen, was dir am meisten Angst macht?

M: (reagiert nicht)

B: Manchmal helfen mir Handpuppen, mit Kindern zu sprechen. Mir hilft der Frosch oft, mit Kindern zu sprechen. Der Frosch heißt Quak. Magst du dir auch eine Handpuppe aussuchen?

M: (nickt zustimmend. Wählt den Hund).

B: Der Hund heißt Raudi. Hallo Raudi. Magst du Sara helfen, mit mir zu sprechen?

M: (über den Hund) ja.

B: Magst du mir auf dem Blatt mal zeigen, mit wem Sara ein schlechtes Geheimnis hat?

M: (Hund zeigt auf Papa)

B: Magst du mal sagen, wer es ist?

M: (über Hund) Papa.

B: Ist es Papa oder noch jemand?

M: Papa.

B: Erwachsene berühren Mädchen manchmal dort, wo Mädchen es nicht möchten.
Hast du solche Berührungen erlebt, die du nicht möchtest?

M: (nickt zustimmend)

B: Raudi magst du Sara helfen, an dieser Puppe hier (greift nach einer Mädchen-Puppe mit weiblichen Geschlechtsteilen) zu zeigen, wo sie berührt wurde?

M: (über Hund) ja.
(Sara nimmt die Puppe und zeigt mit der Hund-Handpuppe auf die Scheide.)

B: Raudi, kannst du mir sagen, wer Sara an der Scheide berührt hat?

M: (über Hund – ganz leise) der Papa.

B: Hat der Papa sie sonst noch irgendwo berührt.

M: Nein.

B: Raudi magst du Sara helfen, mir zu zeigen, welcher Körperteil dieser Papa-Puppe dich berührt hat?

M: (über Hund) ja. (Nimmt die Puppe und zeigt auf den Penis).

B: Weißt du wie dieser Körperteil heißt?

M: (über Hund) Pipi-Mann.

B: Hatte der Papa die Hose an- oder ausgezogen?

M: (über Hund) aus.

B: Raudi, gibt es sonst noch etwas, was Sara nicht erzählen darf?

M: (über Hund) nein.

    etc.

Im Gespräch mit Mädchen ist darauf zu achten, daß Fragen, die sexuelle Mißbrauchshandlungen betreffen, so formuliert werden, daß der aktiv Handelnde der Täter ist bzw. daß deutlich wird, daß die Handlungen vom Täter gefordert wurden. Zum Beispiel:

«Mußtest du auch Papas Penis anfassen?» Die Frage: «Hast du Papas Penis angefaßt?» suggeriert dem Mädchen eigenmächtig und ohne Druck gehandelt zu haben; sie vermittelt, aktiv gewesen und damit auch mitschuldig zu sein.

Oftmals kleiden Täter die sexuellen Übergriffe in ein Spiel ein, damit Mädchen sie nicht bemerken. Zum Beispiel werden Mädchen unter dem Deckmantel des «großen Zauberspiels» sexuell mißbraucht. Diese Zauberei gelingt nur, solange das Mädchen mit niemandem darüber spricht. Mädchen wahren das Zauberspiel oft jahrelang. Sie versuchen erst dann darüber zu sprechen, wenn sie das Spiel nicht mehr schön finden; d. h. wenn sie das «Spiel» durchschauen, dabei verletzt wurden oder wenn sie unter Druck zu diesem Spiel gezwungen werden.

Mädchen sollten mit größter Vorsicht befragt werden. Sie vertrauen sich nur dann an, wenn sie sich sicher und verstanden fühlen und ihnen geglaubt wird. Wenn ein Mädchen über sexuelle Übergriffe spricht, sollte die Beraterin/Therapeutin ihr sagen, daß sie glaubt, was sie erzählt; daß Väter das nicht dürfen und daß Mädchen daran niemals eine Schuld haben.

Weitere Hilfen, ein Gespräch zu lenken, können sein:

Die Beraterin/Therapeutin kann z. B. eine lebensgroße Figur auf ein Blatt malen und zusammen mit dem Mädchen die Körperteile benennen. Fällt es einem Mädchen schwer, die Geschlechtsteile zu bezeichnen, sind Handpuppen sehr unterstützend. Das Mädchen spricht dann mit Hilfe einer Handpuppe. In diesem Spiel können professionelle Helferinnen erfahren, ob ein Mädchen die altersgemäße psychische Reife besitzt, in dem sie die Körperteile zuordnen kann und deren Namen kennt; darüber hinaus lernt die Beraterin/Therapeutin die Bezeichnung der Körper- und Geschlechtsteile, wie das Mädchen sie in der Familie gelernt hat, und sie kann am Verhalten des Mädchens möglicherweise ablesen, ob das Mädchen schon mit sexueller Gewalt in Berührung kam. Mädchen, die schlechte Erfahrungen im Bereich der Sexualität gemacht haben, wenden sich ab; wollen etwas anderes spielen; sie haben Angst, Geschlechtsteile zu benennen oder ihnen fehlen die Worte etc.

Träume von Kindern sind oftmals Hilfen für den Einstieg in ein Gespräch; sie können darüber hinaus auch Auskunft über die reale Bedrohung der Mädchen geben. So sind Angstträume von Kindern immer ernst zu nehmen; die Beraterin/Therapeutin sollte mit den Mädchen darüber sprechen. Auch sexuelle Bedrohungen, die Mädchen spüren und erfahren, spiegeln sich in ihren Träumen wider. Angstträume sind oftmals Hinweise auf reale alltägliche bedrohliche Situationen. Genaueres über die jeweilige Bedrohung läßt sich jedoch nur im Gespräch mit dem Mädchen herausfinden. Am Ende des Gesprächs sollte das Mädchen darüber unterrichtet werden, was die Beraterin/Therapeutin mit den Informationen, die sie erfahren hat, macht: z. B. wenn sie die Mutter darüber unterrichtet, sollte sie dem Mädchen auch sagen, daß sie die Mutter auch darüber informiert, daß das Mädchen an allem was passiert ist, keine Schuld hat. Die Helferin sollte dem Mädchen keine Versprechungen machen. Es liegt hier nahe zu versprechen, daß die Mutter nicht böse sein wird. Das kann sie jedoch nicht gewährleisten.

Mädchen, die nicht sexuell mißbraucht wurden, werden durch eine einfühlsame Diagnostik nicht geschädigt. Sie reagieren z. B.

bei Fragen nach Geschlechtsteilen vielleicht beschämt, aber nicht beunruhigt, ängstlich oder abwehrend wie es bei Mädchen, die sexuelle Übergriffe ertragen mußten, häufig der Fall ist.

Das Gespräch mit Mädchen (7–10 Jahre)

Mädchen zwischen 7–10 Jahren sind sicherer im Verbalisieren, haben einen größeren Wortschatz und können Dinge genauer wiedergeben. In diesem Alter beherrschen Mädchen in der Regel den Wortschatz, um die Handlungen, die stattgefunden haben, zu benennen und sie ordnen die sexuellen Übergriffe kaum noch als Spiel ein. Sie werden vom Täter schon mit starken Drohungen unter Geheimhaltungsdruck gesetzt. Deshalb sind sie oftmals besonders ängstlich, wenn es darum geht, das Geheimnis zu lüften, und es fällt ihnen schwer, in Worte zu fassen, was ihnen angetan wurde.

Schulkinder können Handlungen auch schon zeitlich einordnen. Sie wissen, ob die Übergriffe jedes Wochenende stattfanden oder nur an manchen Wochenenden. Schulmädchen glauben dem Vater, wenn er sagt, daß es das letzte Mal war und er es nicht wieder machen wird. Sie verhalten sich sehr loyal dem Vater gegenüber, weshalb sie auch manchmal leugnen, was passiert ist oder die Übergriffe abschwächen.

Im Grunde kann man im Gespräch mit 7–10jährigen Mädchen ebenso vorgehen wie bei kleinen Mädchen. Mädchen in diesem Alter können sich zeichnerisch recht sicher ausdrücken, weshalb Malen im Gespräch eine große Rolle spielen kann. Durch vorsichtiges Nachfragen kann man zu jedem Bild, das Mädchen malen, eine ganze Geschichte erfahren. Wenn Mädchen einen sexuellen Mißbrauch andeuten, geschehen mit Sicherheit auch sexuelle Übergriffe. Erwachsene, die sich sicher darin fühlen, mit Mädchen darüber zu sprechen, und auch keine Angst davor haben, einen sexuellen Mißbrauch zu enthüllen, sollten bei Andeutungen immer nachfragen. Mädchen geben oftmals Hinweise, um zu testen, wie ihr Gegenüber darauf reagiert. Sie wollen wissen, ob sie dieser Person mehr über den Mißbrauch berichten können. Wenn

Mädchen zu einer Person Vertrauen haben und sich sicher fühlen, werden sie sich ihr öffnen. Auch bei Andeutungen gilt: dem Mädchen zuhören; sie nicht zum Sprechen drängen; ihr glauben und ihr mehr Information über den sexuellen Mißbrauch geben. Zum Beispiel: «Viele Väter machen das mit ihren Töchtern; du bist nicht die einzige.» «Väter dürfen das nicht machen.» «Mädchen haben niemals schuld daran.» Durch Information über das Vorkommen und Ausmaß von sexuellem Mißbrauch erfährt sie, daß es ihr nicht alleine so geht; das entlastet sie und ermutigt sie, mehr zu berichten. Wenn Betreuerinnen erst einige Zeit nach dem Gespräch mit dem Mädchen den Hinweis auf einen sexuellen Mißbrauch realisieren, können sie das Gespräch jederzeit in ungestörter Atmosphäre wieder aufgreifen. Es gelten hier die gleichen Regeln wie oben besprochen. Zum Beispiel: «Saran, du hast mir gestern erzählt, daß dein Vater in der letzten Zeit so komisch zu dir ist. Magst du mir noch mehr darüber erzählen?»

Spieltherapie mit Mädchen

Voraussetzung für das Gelingen einer Spieltherapie ist der Schutz des Mädchens vor weiteren Übergriffen. Um die traumatischen Erfahrungen verarbeiten zu können, müssen Mädchen vor weiterer Bedrohung durch den Täter sicher sein. Das bedeutet: es muß immer eine räumliche Trennung von Täter und Mädchen stattfinden, wobei der Täter während der Therapie keinerlei Kontakt zum Mädchen aufnehmen sollte. Die Therapeutin muß über die Bezugsperson (in den meisten Fällen die Mutter) den Schutz vor dem Täter sicherstellen. Mädchen sind bei einem Zusammentreffen mit dem Täter diesem immer wieder schutzlos ausgeliefert, weil sie nicht das Rüstzeug haben, sich ihm gegenüber anders zu verhalten bzw. sich ihm gegenüber zur Wehr zu setzen. Das müssen sie in einer Spieltherapie erst lernen.

Für Mädchen, die sexuelle Übergriffe ertragen mußten, ist eine Spieltherapie in der Regel angezeigt, um ihnen in einem geschützten Rahmen die Möglichkeit zu geben, die traumatischen Erfahrungen zu verarbeiten. Anders als bei der Diagnostik, wo zum Schutze des Mädchens, unter zeitlichem Druck der sexuelle Mißbrauch erhärtet werden muß, hat eine Therapeutin in einer Spieltherapie viel Zeit. Dennoch ist es in einer Therapie mit Mädchen langfristig unabdingbar, die Therapie so zu lenken, daß das Mädchen den sexuellen Mißbrauch aussprechen und/oder ausagieren kann. Dazu ist u. a. notwendig, sie von dem Geheimhaltungsdruck zu befreien. Mädchen leiden immer unter diesem Druck und möchten über die Übergriffe reden, ihnen fehlt jedoch die Sicherheit und der Schutz, wenn sie über einen langen Zeitraum hinweg nicht sprechen.

Eine Therapie lenken, bedeutet: bestimmte Spielmaterialien anbieten, z. B. anatomische Puppen, oder durch Zeichnen, Malen und mit Hilfe von Spielen das Thema auf Gewalt und/oder Sexualität lenken.

Mädchen, die sexuell mißbraucht wurden, haben oftmals das Gefühl, «mit einem Schlag erwachsen zu sein». Sie haben, bedingt durch die Rollenkonfusion, nicht Kind sein dürfen, mußten dem Vater Geliebte und Frau sein. Sie hatten die Rolle einer Erwachsenen inne, waren jedoch ohne Macht zutiefst ohnmächtig. Sie haben ihr Kindsein nicht ausleben dürfen. Sie fühlen sich belastet. Sie können nicht mehr unbeschwert sein, sich über nichts richtig freuen, über allem lastet «ein Schatten» oder «eine dunkle Wolke». Die Mädchen brauchen die Erlaubnis, Kind zu sein; sie müssen erfahren, in einer sicheren Umgebung zu spielen, wo sie auch frei von Bedrohung und Angstgefühlen toben und ausgelassen sein können. Das Gefühl zu haben, geschützt, angenommen und als ganze Person akzeptiert zu sein, ist für sie sehr wichtig und für den Erfolg der Therapie unabdingbar.

Mädchen haben durch den sexuellen Mißbrauch erfahren, daß ihre eigenen Bedürfnisse übergangen und ihre Grenzen nicht gewahrt wurden. Sie erlebten sich nur im Hinblick auf die sexuelle Verfügbarkeit als attraktiv und liebenswert. Anerkennung und vermeintliche Aufwertung ihrer Person waren eng mit dem Mißbrauchgeschehen verknüpft. Sie haben gelernt, auf die Bedürfnisse ihres Vaters zu reagieren, weil sie dafür belohnt oder bedroht

wurden. Das bedeutet, daß sie auch außerhalb des Elternhauses
sehr sensibel sind für die Bedürfnisse von Erwachsenen, besonders von Männern, ihre eigenen Wünsche und Interessen aber
nicht kennen oder hintanstellen. Sie können oftmals keine Grenzen setzen, weil sie ihre persönlichen Grenzen niemals erfahren
durften. Sie empfinden ihren Körper und ihre gesamte Person als
schlecht und unzulänglich und nehmen eine Aufwertung ihrer Person vor allem durch Männerblicke, Männerkommentare und
durch Beziehungen zu Männern wahr. Mädchen, die sexuell mißbraucht wurden, suchen manchmal den Kontakt zu Männern, verhalten sich ihnen gegenüber distanzlos und anmachend. Andere
Mädchen ziehen sich von Männern zurück, meiden ihre Nähe,
weil sie Angst haben, wieder ausgebeutet zu werden. Sie haben
nicht gelernt, sich davor zu schützen. Mädchen müssen einfühlsam
darin unterstützt werden, ihre eigenen Bedürfnisse wahrzunehmen, sie kennenzulernen, zu äußern und durchzusetzen. Wenn
Mädchen in geschützter Umgebung ermöglicht wird, die Gefühle,
die mit dem Mißbrauchgeschehen verbunden waren, zu spüren
und zu durchleben, merken sie, wie sehr sie um ihre wahren Gefühle betrogen wurden. Das ist ein sehr schmerzhafter Prozeß.
Mädchen lernen aber auch die schädigenden Folgen der Mißbrauchserfahrungen als solche wahrzunehmen, einzuordnen und
zu verarbeiten.

Im Spiel mit der Begleiterin erfahren sie eine Stärkung ihres
Selbstwertgefühls. Das beinhaltet, sich selbst als wertvolle, lie-
benswerte Person zu fühlen, mit dem Recht auf eigene Bedürfnisse, Wünsche und Interessen. Sie lernen, daß ihr Körper nur
ihnen gehört, daß nur sie über ihren Körper bestimmen und Berührungen anderer, die unangenehm sind, zurückweisen dürfen.

Mädchen brauchen Unterstützung darin, den Loyalitätskonflikt
zu den Eltern zu bewältigen und ihre Gefühle (z. B. Schuld- und
Schamgefühle, die aus der Mißbrauchsituation entstanden sind;
sowie Liebe, Zuneigung, Haß, Wut und Ärger) dem Vater und der
Mutter gegenüber zu klären. Die Verantwortung für die Handlungen trägt allein der Täter (wie an anderer Stelle schon ausgeführt).
Mädchen brauchen Zeit und Ruhe und eine einfühlsame Begleite-

rin, um sich die Verantwortung für die Übergriffe, die sie übernommen haben, sowie die Scham- und Schuldgefühle, die daraus erwachsen sind, genau anzuschauen und diese an den Täter zurückzugeben. Mädchen brauchen oftmals die Erlaubnis, auch Gefühle wie Wut und Ärger, die sie den Eltern gegenüber empfinden, zeigen zu dürfen. Die Mutter ist verantwortlich dafür, die Tochter nicht geschützt zu haben. Für Mädchen ist es sehr schmerzlich, zu spüren, wie sehr sie die Mutter gebraucht hätten und wie sehr sie sich von ihr verlassen fühlen. Alle Autonomiebestrebungen von Mädchen sollten bestärkt werden.

Bei Mädchen, die nach einem sexuellen Mißbrauch in einer Pflege- oder Adoptivfamilie leben, brauchen die Pflege- bzw. Adoptiveltern unbedingt Beratung, Unterstützung und Begleitung, damit sie mit den aus dem sexuellen Mißbrauch resultierenden Verhaltensweisen des Mädchens umgehen können. Mädchen sind immer gefährdet, auch in der neuen Familie, durch Pflege- bzw. Adoptivväter mißbraucht zu werden.

Vorgehen bei Verdacht auf sexuellen Mißbrauch

Nach meiner Erfahrung im Umgang mit sexuellem Mißbrauch hat sich jeder Verdacht auf sexuellen Mißbrauch später bestätigt. Deshalb ist es wichtig, dem Gefühl genau nachzugehen, das den Verdacht auf sexuelle Übergriffe nahelegt. Im Gespräch mit KollegInnen oder in einer fachspezifischen Supervision sollte verfolgt werden, aufgrund welcher Eindrücke und Wahrnehmungen die Vermutung, es könne ein sexueller Mißbrauch vorliegen, entstanden ist. Wenn soziale Fachkräfte, die mit Mädchen arbeiten, ihre Gefühle ernst nehmen, ihren Wahrnehmungen vertrauen und sexuellen Mißbrauch durch eine Vaterfigur «sehen» dürfen, werden für sie plötzlich Zusammenhänge sichtbar; es fallen ihnen länger zurückliegende Äußerungen des Mädchens ein, die zusammen mit den eigenen Beobachtungen sehr bald ein ganzes Bild ergeben. Alle Signale, die ein Mädchen aussendet, sollten wahrgenommen und beachtet werden. Betreuungspersonen sollten Vertrauen zu

dem Mädchen aufbauen, das die Basis bildet, mit ihr darüber sprechen zu können. Mädchen, die nicht sprechen, haben oftmals den
Geheimhaltungsdruck so verinnerlicht, daß man sie erst von der
Last des Geheimnisses befreien muß, damit sie sich offenbaren
können (siehe oben).

Die Vorgehensweise von professionellen Helferinnen in einem
solchen Fall ist oftmals, den Verdacht des sexuellen Mißbrauchs
hinter vorgehaltener Hand weiterzuerzählen bzw. Informationen
über das Mädchen und ihre Familie bei Nachbarn, LehrerInnen
etc. einzuholen; niemand spricht jedoch mit dem Mädchen selbst.
Schließlich sickert dieser Verdacht auch bis in die Familie des
Mädchens. Erfährt der Täter von dem Verdacht, wird er nicht
etwa die Übergriffe einstellen, sondern den Druck auf das Mädchen verstärken, darüber in jedem Fall zu schweigen. Eine solche
Vorgehensweise ist deshalb nicht empfehlenswert, weil sie das
Mädchen in zusätzliche Schwierigkeiten bringt. Sicherlich ist es
sinnvoll, sich mit KollegInnen auszutauschen, ob dem Gegenüber
diese oder jene Veränderung des Mädchens auch aufgefallen ist.
Aber auf keinen Fall sollte man bei dem Verdacht auf sexuellen
Mißbrauch Information bei LehrerInnen, Nachbarn etc. einholen. Der erste Schritt sollte immer das Gespräch mit dem betroffenen Mädchen selbst sein.

Sexueller Mißbrauch in der Familie spielt sich immer über Jahre
hinweg ab. Professionelle Helferinnen sollten sich deshalb die
Zeit nehmen, im Gespräch mit den betroffenen Mädchen heraus-
zufinden, ob sexueller Mißbrauch tatsächlich stattfindet. Das Gespräch mit dem Mädchen bringt den sichersten Beweis, ob sie sexuelle Übergriffe erdulden mußte oder nicht. Dann sollten soziale
Fachkräfte Interventionen in der Familie gründlich planen und
überlegt handeln. Es empfiehlt sich, nicht in Panik zu verfallen
und überstürzt zu handeln.

Die Beratung und Unterstützung von jugendlichen Mädchen

Das Gespräch mit jugendlichen Mädchen

Der erste Schritt für professionelle Helferinnen, die mit sexuellem Mißbrauch konfrontiert werden, ist, ausführlich mit der betroffenen Jugendlichen zu sprechen. Sie ist Expertin für ihre Situation (Kavemann & Lohstöter 1985), sie kann am besten Auskunft darüber geben, was passiert ist und wie es ihr damit geht. Sie weiß in der Regel, was sie unternehmen möchte.

Wenn Erwachsene nicht nur Vertrauensperson der betroffenen Jugendlichen, sondern auch zu konsequentem Handeln gefordert sind, ist es wichtig, von der Jugendlichen so viel Information über den sexuellen Mißbrauch zu erfahren wie möglich. Das heißt: Um etwas unternehmen zu können, müssen Helferinnen wissen: Was findet statt? Wie oft? Wie lange schon? Wer ist der Täter? Nur wenn Beraterinnen/Therapeutinnen aufgrund des Gesprächs mit der Jugendlichen selbst sicher sind, daß sie sexuell mißbraucht wird, sind sie in der Lage, dies auch KollegInnen gegenüber zu vertreten und der betroffenen Jugendlichen effektive Hilfe und Unterstützung zu geben. Auf keinen Fall sollten Aussagen des jugendlichen Mädchens auf ihren Wahrheitsgehalt bei den Eltern, FreundInnen, LehrerInnen etc. überprüft werden. Das zerstört das Vertrauensverhältnis zur Beraterin. Nur die Jugendliche ist in der Lage, ausführlich Auskunft zu geben; Widersprüche und Ungereimtheiten lassen sich meist im Gespräch mit ihr klären. Deshalb muß man primär und ausführlich mit der Jugendlichen reden. Gerade SozialarbeiterInnen sind es gewohnt, mit Eltern, ErzieherInnen, LehrerInnen, etc. über Kinder zu sprechen. Kinder werden in unserer Gesellschaft wenig ernst genommen. Üblich ist, daß Erwachsene über auffälliges Verhalten von Jugendlichen mit anderen Erwachsenen reden, sich professionellen Rat einholen etc. Obwohl es die Jugendlichen sind, um die es zentral geht, ist es kaum üblich, sie zu befragen, was ihnen fehlt oder wie es ihnen

geht. Helferinnen betreuen oftmals schon jahrelang eine Familie
und haben dennoch niemals mit den Kindern allein gesprochen.
Ein Vertrauensverhältnis zwischen ihnen und den Kindern besteht
in der Regel nicht. Das heißt, wenn sich ihnen der Verdacht auf-
tut, ein Mädchen in einer von ihnen betreuten Familie könnte sexuell mißbraucht werden, müssen sie ganz plötzlich ihre Strategie
ändern und eine Vertrauensbeziehung zu dem Mädchen aufbauen. Das funktioniert meistens nicht. Besser ist es da für SozialarbeiterInnen, von Anfang an immer auch eine gute Beziehung zu
den Kindern in der Familie aufzubauen. Das erleichtert ihnen das
weitere Vorgehen.

Jugendlichen Mädchen fällt es ungeheuer schwer, über das, was
ihnen angetan wird, zu sprechen, da der Täter in der Regel nicht
nur ein Familienmitglied, sondern sogar der Vater ist. Deshalb
sollten Helferinnen alles tun, jugendlichen Mädchen diese Situation zu erleichtern. Dazu ist zunächst einmal notwendig, daß sie
ungestört sprechen können. Gerade in Jugendämtern ist die Gesprächssituation vollkommen ungeeignet, wenn Klientinnen über
Probleme reden wollen. In der Regel heißt Sprechzeit, daß Klientinnen sowohl telefonisch als auch persönlich Kontakt aufnehmen
können. Für die, die den persönlichen Kontakt wählen, ergibt sich
eine desolate Gesprächssituation, wenn das Gespräch durch das
Läuten des Telefons und durch KollegInnen, die kurz den Raum
betreten, um etwas zu holen oder zu bringen, immer wieder unter-
brochen wird. SozialarbeiterInnen sollten sich dafür einsetzen,
daß es einen ungestörten Raum gibt, dessen Atmosphäre für ver-
trauliche Gespräche geeignet ist. Eine persönliche Sprechzeit an-
zubieten in einer Atmosphäre, die jegliche vertraute Aussprache
verhindert, ist eine Farce.

Jugendliche Mädchen zu einem Gespräch in einen ungestörten
Raum zu bitten, bedeutet, sie mit ihrem Anliegen ernst zu nehmen, und es ist der erste Schritt, eine vertrauensvolle Beziehung
aufzubauen. Darüber hinaus ist es für die Helferin genauso wichtig, ausreichend Zeit für das Gespräch zu haben, um in Ruhe zuhören zu können.

Jugendliche Mädchen, die sexuell mißbraucht werden, sind in

ihrer Persönlichkeit so unterschiedlich wie alle anderen jugendlichen Mädchen auch. Vorstellungen von sozialen Fachkräften, Mädchen, die über die ihnen angetane Gewalt reden, müßten weinen, «am Boden zerstört sein», «wie ein Häufchen Elend dasitzen», sollte schnellstens aus den Köpfen verbannt werden.

Für jugendliche Mädchen, die den Schritt wagen, sich einer dritten Person anzuvertrauen, gibt es immer einen bestimmten Grund, warum sie gerade «heute» kommen und nicht schon vor Wochen oder Monaten. Sexueller Mißbrauch durch Vaterfiguren an Töchtern geht ja in der Regel über Jahre. Meistens ist es so, daß sie diesen Schritt wagen, weil sich die Situation so zugespitzt hat, daß sie überhaupt nichts mehr zu verlieren haben. Sie stehen oftmals kurz vor dem Suizid, sie haben das Gefühl, «egal, was passiert, es kann nur noch besser werden».

Jugendliche Mädchen sollten als ganze Person mit allen «Fehlern» und «Verhaltensauffälligkeiten» angenommen und akzeptiert werden. So sind Jugendliche, die mißbraucht werden, nicht immer die lieben zurückhaltenden Mädchen; sie sind zum Teil widerborstig, frech und lügen. Das sind ihre Überlebensstrategien, um die häusliche Situation durchstehen zu können. Jugendliche Mädchen lügen aber nicht, wenn sie über sexuelle Übergriffe durch Familienangehörige berichten. Einigen fällt es scheinbar leicht, über den Mißbrauch zu sprechen. Sie erzählen zügig und genau, ihre Gefühle sind dabei nicht beteiligt. Das bedeutet nicht, daß sie die Übergriffe schon verarbeitet haben oder daß der Mißbrauch ihnen nichts ausgemacht hat. Im Gegenteil: Sie haben alle Gefühle abgespalten, um zu überleben. Diese betroffenen Jugendlichen sind in ihren Aussagen genauso glaubwürdig wie diejenigen, die unter Weinen oder nur stockend erzählen können.

Generell ist es notwendig, der Jugendlichen genau zuzuhören und sie zunächst sowenig wie möglich zu unterbrechen. Dann ist es wichtig, sie darin zu bestärken, daß sie gekommen ist. Nachfragen sollten so behutsam und einfühlsam wie möglich gestellt werden. Alle Fragen sollten offen formuliert sein und der Jugendlichen nichts unterstellt werden. So rufen bestimmte Frageformulierungen Schuldgefühle hervor, wenn dies auch nicht in der Ab-

sicht der Helferinnen liegt. Fragen wie: «Warum hast du nicht mit
deiner Mutter gesprochen?» «Warum kommst du erst jetzt, wo das
schon so lange Jahre geht?» «Hat es dir nicht doch ein bißchen
Spaß gemacht, wo du es so lange ausgehalten hast?» sind vollkommen ungeeignet.

Der Beginn eines Gesprächs könnte zum Beispiel so aussehen:
(B = Beraterin; J = Jugendliche)

B: Magst du mal erzählen, was dich zu mir führt?
   oder: Magst du mal erzählen, weshalb du hergekommen bist?
J: Ich fühl mich zu Hause nicht mehr wohl. Meine Eltern streiten
   sich ständig und mein Vater ist manchmal zu mir so komisch.
B: Kannst du mal sagen, was du mit «komisch» meinst?
J: Ja, em, der guckt mich immer so an und faßt mich an.
B: Magst du mal genauer sagen, wo er dich anfaßt?
J: Ja, hier (deutet auf Brustraum).
B: Du meinst an der Brust?
J: Ja.
B: Faßt er dich auch noch woanders an?
J: (nickt)
B: Magst du mal sagen, wo noch?
J: Hier (zeigt auf Unterleib).
B: Meinst du die Scheide?
J: (nickt)
B: Er faßt dich an der Scheide an?
J: Ja, er fummelt da rum; tut mir weh.
B: Kannst du noch genauer sagen, was er macht?
J: Ja, auch mit seinem Penis.
B: Er versucht auch in dich einzudringen?
J: Ja.
B: Ist er auch in dich eingedrungen?
J: (nickt) Nein.
B: Verlangt er auch von dir, daß du ihn anfaßt?
J: Ja.
B: Was mußt du tun?
J: Ich muß seinen Penis in den Mund nehmen.
B: Gibt es noch etwas, was er macht? (Was er von dir verlangt?)

J: Nein.

B: Magst du mal erzählen, wann er das macht?

J: Ja, der kommt des öfteren nachts zu mir ins Bett, wenn ich schon schlafe.

B: Wie reagierst du darauf?

J: Ich habe so getan, als ob ich schlafe; ich hab gedacht, dann läßt er mich in Ruhe.

B: Hat er dich dann in Ruhe gelassen?

J: Nein. Manchmal fängt er jetzt auch schon tagsüber an, wenn meine Mutter nicht da ist. Ich halt das nicht mehr aus.

etc.

Helferinnen sollten darauf achten, Fragen offen zu formulieren, um die Jugendliche nicht einzuengen. Zum Beispiel: «Magst du mal sagen, wo er dich anfaßt?»

Die Handlungen benennen

Den jugendlichen Mädchen fällt es meistens sehr schwer, auszusprechen, mit welchen Handlungen sie mißbraucht wurden; dennoch ist es wichtig, zu benennen, was ihnen angetan wurde. In der Regel ist es im nachhinein für sie eine Erleichterung, sich mitgeteilt zu haben. Für die Planung der Offenlegung des sexuellen Mißbrauchs in der Familie reicht es nicht aus, zu wissen, daß der Vater «komisch ist», die Tochter «angegrapscht» oder «angefaßt» hat. Vorsichtiges Nachfragen hilft, den Umfang der sexuellen Handlungen zu erkennen. Eine solche Frage kann zum Beispiel sein: «Was meinst du mit ‹komisch›?» Helferinnen sollten das Ausmaß der sexuellen Übergriffe kennen, um Interventionsschritte genau planen zu können. Gerade das Wissen über die Handlungen, die stattgefunden haben, wird oftmals ausgespart, weil sich auch soziale Fachkräfte schämen, darüber zu sprechen. Sozialarbeiterinnen, die sich nicht ausreichend über das Ausmaß des Mißbrauchs informieren, haben oftmals schon im Kreis von Kollegen Schwierigkeiten, Interventionen zu besprechen. Ihnen wird nicht selten von männlichen Kollegen vorgeworfen, übersensibel zu reagieren, hysterisch zu sein, zu übertreiben und überall nur noch sexuelle Übergriffe zu sehen: «Angrapschen ist noch lange kein sexueller Mißbrauch» etc. Um adäquat zu handeln, d. h. um den sexuellen Mißbrauch zu beenden, müssen Fachkräfte wissen: Was passiert? Wie lange dauern die Übergriffe schon an? Wer ist der Täter? Gleichzeitig müssen die Fragen so gestellt sein, daß sich das Mädchen nicht ausgefragt fühlt.

Oftmals stellt sich für soziale Fachkräfte die Frage, wieweit darf ich nachfragen, um bei der Jugendlichen nicht alle Emotionen auf-zuwühlen? Helferinnen, die sich sicher im Umgang mit der Pro-blematik des sexuellen Mißbrauchs fühlen, einfühlsam und vor-sichtig nachfragen, richten keine zusätzlichen Schädigungen an. Im Gegenteil, sie vermitteln der Jugendlichen ein Gefühl von Si-cherheit, daß sie darüber sprechen können und daß es einen Aus-weg aus ihrer Situation gibt.

Den jugendlichen Mädchen glauben; ihnen Informationen geben

Wenn jugendliche Mädchen über sexuelle Handlungen eines männlichen Familienmitglieds sprechen, sollten Beraterinnen ih-nen sagen, daß sie das glauben, was ihnen passiert ist. Die betrof-fenen Jugendlichen müssen Informationen darüber erhalten, daß sexueller Mißbrauch von Vätern an Töchtern häufig vorkommt und daß sie nicht die einzigen sind. Zum Beispiel:

«Es kommt sehr häufig vor, daß Väter ihre Töchter sexuell belä-stigen; du bist nicht die einzige. Man schätzt, daß jedes vierte Mädchen betroffen ist. Es spricht nur niemand darüber. Mädchen und junge Frauen, die von ihren Vätern sexuell belästigt werden, haben keine Schuld daran, unabhängig davon, wie sie sich in der Situation verhalten haben. Mädchen haben in der Familie kaum eine Möglichkeit, sich den Übergriffen ihrer Väter zu entziehen.» Das entlastet die Jugendlichen und macht ihnen Mut, weiter zu sprechen. In der Regel glauben sie, daß sie die einzigen sind, de-nen das passiert, und daß nur ihr Vater das mache. Sie schämen sich dafür, fühlen sich schuldig und «anders» als alle anderen.

Keine Schuldgefühle vermitteln

Sexueller Mißbrauch durch Väter geht in der Regel über mehrere Jahre. Fragen der Beraterinnen wie: «Wie lange geht das schon?» oder erstaunte Aussagen: «Was, so lange geht das schon?» vermitteln dem jugendlichen Mädchen das Gefühl, sie hätten irgend etwas versäumt, um die Übergriffe zu stoppen. Hilfreicher sind Formulierungen wie: «Kannst du dich noch erinnern, wann dein Vater damit angefangen hat?» oder «Weißt du noch, wie alt du warst, als dein Vater das zum erstenmal gemacht hat?»

Die Aussagen der Jugendlichen nicht bewerten

Fachkräfte, die mit den betroffenen Jugendlichen sprechen, sollten darauf achten, daß sie deren Aussagen nicht bewerten, wie z. B.: «Das ist aber entsetzlich, was dein Vater mit dir macht. Wie hast du das nur so lange ausgehalten?»

Besser ist es, die Jugendliche danach zu fragen, wie es ihr damit geht. Die betroffene Jugendliche sollte selber formulieren, welche Gefühle die Handlungen bei ihr ausgelöst haben und nicht auf bestimmte Gefühle durch Fragen bzw. Aussagen festgelegt werden. Es kommt auch vor, daß sexuelle Handlungen bei jugendlichen Mädchen angenehme Gefühle auslösen. Besonders deshalb haben sie große Schuldgefühle. Sie wollen die Übergriffe dennoch beenden, weil sie nicht wollen, daß der Vater das mit ihnen macht oder auch weil sie den Geheimhaltungsdruck nicht mehr aushalten. Jugendliche Mädchen, die auf bestimmte «schlimme Gefühle» festgelegt werden, wagen nicht, sich weiter auszusprechen. Sie fühlen sich schuldig und unnormal, daß sie die Übergriffe nicht als «nur entsetzlich» erlebt haben, oder sie glauben, die Beraterin schützen zu müssen, weil sie nicht ertragen kann, was passiert ist.

Manchmal fällt es Jugendlichen schwer, über das Geschehene zu sprechen. Dann ist es besonders wichtig, Zeit für sie zu haben und sie nicht unter den Druck zu stellen, doch endlich zu erzählen. Da sind Beraterinnen gefordert, Schweigepausen auszuhalten. Oftmals hilft es, die Situation anzusprechen, z. B.: «Dir fällt es schwer, darüber zu sprechen.» Danach sollten sie die Reaktion der Jugendlichen abwarten, bevor sie z. B. fortfahren: «Hilft es dir, wenn ich dich frage?» Fragen sollten immer einfühlsam formuliert werden. Niemals sollten Beraterinnen gleichzeitig mehrere Fragen stellen, sondern nach jeder Frage die Reaktion der Jugendlichen abwarten, um auch auf sie eingehen zu können.

Das Geheimnis lüften

Ein Grund, warum betroffene Jugendliche nicht sprechen können, liegt in der Tatsache, daß sie dem Täter versprochen haben, das Geheimnis zu bewahren. Helferinnen sollten diesen Jugendlichen explizit die Erlaubnis geben, darüber sprechen zu dürfen. Z. B.: «Manchmal kommen Mädchen und junge Frauen zu mir, die jemandem versprechen mußten, über Sachen, die eine Person mit ihnen macht, mit niemandem zu sprechen. Geheimnisse sind aber nur schön und brauchen nur dann gewahrt zu werden, wenn beide, die es betrifft, sich darüber freuen. Wenn eine Person darunter leidet, ist es kein richtiges Geheimnis und man darf darüber sprechen.» Das entlastet die Jugendliche von Schuldgefühlen, das Geheimnis auszusprechen.

Eine weitere Möglichkeit, der betroffenen Jugendlichen das Sprechen zu erleichtern, besteht darin, sie danach zu fragen, was sie befürchtet, wenn sie mit der Beraterin darüber spricht. Mädchen werden in der Regel unter Androhung von etwas zur Geheimhaltung verpflichtet. Solche Drohungen können sein: «Wenn du das jemandem erzählst, stirbt die Omi.» «Wenn du mit jemandem darüber sprichst, wird die Mama krank.» etc. Folgende Frage hilft der betroffenen Jugendlichen oftmals, sich weiter mitzuteilen: «Was glaubst du, was wird passieren, wenn du mit mir sprichst?»

Nicht zu viel versprechen

Oftmals beginnen Jugendliche ein Gespräch mit ihren Betreuerinnen damit, daß sie etwas erzählen möchten, aber nur dann, wenn die Vertrauensperson vorab verspricht, niemandem über den Gesprächsinhalt zu berichten. Aus Neugierde willigen Helferinnen leichtfertig ein. Später stellen sie dann fest, daß es durchaus wichtig und hilfreich ist, über Interventionsschritte in der Familie Absprachen mit KollegInnen zu treffen. Hinter dem Rücken der Jugendlichen andere ins Vertrauen zu ziehen, stellt für sie einen weiteren Vertrauensbruch dar. Dann kann es passieren, daß sie sich zurückziehen oder aussagen, sie hätten das alles nur erfunden, um sich an dem Täter zu rächen. Professionelle Helferinnen sollten den jugendlichen Mädchen nichts versprechen, was sie nicht halten können. Solche Versprechen bringen Beraterinnen sehr leicht in Konflikte, weil sie sich mit KollegInnen darüber besprechen müssen. Bei sexuellem Mißbrauch sollten immer mehrere HelferInnen die Interventionsschritte in der Familie planen und durchführen. Da ist es sinnvoll und notwendig, sich unter KollegInnen abzusprechen. Man sollte Jugendlichen sagen, daß man ein solches Versprechen nicht geben kann, aber daß man sie immer darüber informieren wird, mit wem man über sie spricht. Die Jugendlichen spüren die Offenheit, fühlen sich ernst genommen und werden sich in der Regel anvertrauen.

Für die Jugendlichen eine Vertrauensperson suchen

Es ist wichtig, für die betroffene Jugendliche in der engeren oder weiteren Familie eine Vertrauensperson zu finden bzw. die Beziehung zu Personen, denen das Mädchen vertraut, zu stärken. So kann das jugendliche Mädchen in der Familie z. B. durch die Oma, die Tante oder eine erwachsene Schwester gestützt werden. Manchmal kommt als Vertrauensperson auch eine Lehrerin, eine Betreuerin im Jugendzentrum etc. in Frage. Gibt es eine Vertrauensperson, so ist mit ihr zu sprechen, ob sie den Schutz der Jugendlichen sichern kann. Dafür sind nur Personen geeignet, die ihr glauben, sexuell mißbraucht worden zu sein, und wissen, daß Mädchen daran niemals schuld haben.

Fragen an die Jugendliche könnten wie folgt lauten: «Gibt es in der Familie eine Person, zu der du großes Vertrauen hast?» «Kannst du dir vorstellen, daß wir mit ihr darüber sprechen?» «Wie wird sie reagieren?»

Reaktionen der Familienmitglieder auf die Offenlegung

Beraterinnen sollten die Jugendliche fragen, was die übrigen Familienmitglieder über die sexuellen Übergriffe wissen und wie sie darauf reagierten. Zum Beispiel:

«Konntest du mal mit deiner Mutter darüber sprechen?» (Die Frage: «Warum hast du nicht mit deiner Mutter gesprochen?», vermittelt Schuldgefühle.)

«Wie hat sie darauf reagiert?»

«Glaubst du, daß deine Schwester/dein Bruder etwas davon weiß?» Für die Planung der Offenlegung in der Familie ist es notwendig, die Reaktionen einzelner Familienmitglieder einschätzen zu können. Eine falsch geplante Offenlegung kann in der Familie eine große Krise auslösen. Deshalb ist es auch wichtig zu wissen, wie der Täter reagieren wird, wenn er erfährt, daß die betroffene Jugendliche über den sexuellen Mißbrauch gesprochen hat. Bei gewalttätigen Vätern ist es in der Regel angebracht, die Jugendliche zu ihrer Sicherheit sofort aus der Familie zu nehmen. Jugendliche Mädchen können die Reaktion der einzelnen Familienmitglieder und des Täters am besten selbst einschätzen. Beraterinnen sollten die Betroffenen fragen, was sie möchten bzw. was sie als Sozialarbeiterin (o. ä.) für sie tun sollen.

Zum Beispiel: «Was möchtest du in dieser Situation unternehmen?» Zusammen mit der Jugendlichen ist dies zu besprechen, wobei sie konkrete Unterstützung braucht.

Die Betroffenen wollen in der Regel, daß der sexuelle Mißbrauch beendet wird; sie möchten, daß weiterhin niemand etwas davon erfährt und daß sich in der Familie auch sonst nichts verändert. Das ist nicht zu realisieren. Ein erster Schritt sollte jedoch immer sein, zusammen mit der Betroffenen zu überlegen, ob sie sich in der Lage sieht, die Handlungen selbst zu beenden. Manchmal fühlen sich jugendliche Mädchen durch Gespräche mit einer Vertrauensperson so gestärkt, daß sie in der Lage sind, die sexuellen Übergriffe zu stoppen, indem sie dem Täter z. B. mit Offenlegung drohen. Manchmal kann es auch hilfreich sein, dem Vater zu sagen, daß sie sich jemandem anvertraut haben. Das Erlebnis, den Mißbrauch aus eigener Kraft zu beenden, stärkt das Selbstwertgefühl der jugendlichen Mädchen enorm. Professionelle Helferinnen sollten allerdings darauf achten, Betroffene nicht zu überschätzen. Die Möglichkeit, mit Unterstützung einer Beraterin die Übergriffe selbst zu beenden, ist nur dann gegeben, wenn der Täter nicht gewalttätig ist. Wählt eine Jugendliche diesen Weg, so ist es unbedingt erforderlich, Namen, Adresse und Telefonnummer zu notieren, um den Kontakt zu ihr wiederherzustellen und sie ggf. wieder anrufen zu können. Diesen Weg wählen jedoch nur wenige der Betroffenen.

Nichts gegen den Willen der Jugendlichen unternehmen

Kommt eine Jugendliche, die sich noch in einer akuten Mißbrauchsituation befindet, zur Beratung, sollten gemeinsam mit ihr Handlungsschritte überlegt werden, wie sie sich schützen kann. Hierbei sind immer alle Bedürfnisse und Interessen der betroffenen Jugendlichen zu wahren. Das heißt nicht, daß nur so gehandelt werden darf, wie es die Jugendliche wünscht, sondern daß zusammen mit ihr Handlungsstrategien entwickelt und ihr auch Alternativen aufgezeigt werden müssen. Alle Interventionsschritte, die unternommen werden, sollten mit der betroffenen Jugendlichen abgesprochen sein. Professionelle Helferinnen sollten aus Panik nicht überreagieren. Es ist wichtig, daß soziale Fachkräfte ihre eigenen Grenzen kennen und den eigenen institutionellen Rahmen abklären. So gibt es in der Regel in Jugendämtern

keine Anzeigepflicht bei sexuellem Mißbrauch. Jedoch muß bei
Fällen von Kindesmißhandlung und sexuellem Mißbrauch meistens der Amtsleiter informiert werden. Die eigenen Handlungs-
spielräume sollten professionellen Helferinnen bekannt sein.
Sollte der Schutz der betroffenen Jugendlichen vor weiteren
Übergriffen nur sichergestellt werden können durch eine Herausnahme aus der Familie, so muß die Jugendliche sorgfältig darauf
vorbereitet werden. Ihr sollte erklärt werden, daß dies zu ihrem
Schutz geschehen muß, weil der Vater sie sonst weiter mißbrauchen wird und die Mutter sie nicht schützen kann. Eine Vorbereitung darauf hilft der Jugendlichen oftmals, diesen Schritt nicht als
Strafe zu erleben.

Das Gespräch mit der Mutter

Bei sexuellem Mißbrauch in der Familie durch eine Vaterfigur, ist
nach dem Gespräch mit der betroffenen Jugendlichen der nächste
Schritt, ein Gespräch mit der Mutter als dem nicht-mißbrauchen-
den Elternteil zu suchen. Diese Unterredung darf nicht dieselbe
Betreuerin bzw. die Vertrauensperson des Mädchens führen. Die
Helferin als Vertrauensperson der Jugendlichen ist allein parteilich für die Betroffene. Sie kann nicht gleichzeitig Vertrauensperson für die Mutter sein; diese Rolle muß also eine Kollegin übernehmen. Es ist ganz entscheidend, daß beide, Mutter und Tochter,
unterschiedliche Ansprechpartnerinnen haben, damit das Vertrauen der Jugendlichen in die Beraterin weiterhin erhalten bleibt.
Helferinnen, die glauben für beide parteilich sein zu können,
kommen in große Konflikte.

Bei kleinen Mädchen sollte das Gespräch zunächst allein mit der
Mutter (ohne die Anwesenheit des Mädchens) geführt werden,
mit dem Ziel, die Mutter für die Tochter zu gewinnen. Von einer
Unterredung mit beiden Eltern gleichzeitig ist immer abzuraten,
weil das der Mutter die Möglichkeit nimmt, Dinge zu benennen,
die sie wahrgenommen hat, oder den Mißbrauch zu bestätigen und
sich auf die Seite ihrer Tochter zu stellen. In Gesprächen, die

mit beiden Eltern gleichzeitig stattfinden, müssen sich die Mütter loyal ihren Männern gegenüber verhalten. Damit ist der Zeitpunkt verpaßt, zu dem sich die Mutter für die Tochter entscheiden kann. Mädchen brauchen dringend ihre Mütter, weshalb die Chance, daß die Mutter die Tochter zukünftig schützt, nicht leichtfertig vertan werden darf.

Bei jugendlichen Mädchen sollte eine Unterredung mit der Mutter jedoch nur nach Absprache und mit Einverständnis der Jugendlichen stattfinden. Dabei darf es nicht darum gehen, den Wahrheitsgehalt der Aussage der Jugendlichen bei der Mutter zu überprüfen. Vor dem Gespräch mit der Mutter muß die Beraterin sicher sein, daß sexueller Mißbrauch stattfindet, und auch über genügend Informationen verfügen, um das Gespräch führen zu können. Das heißt, sie muß von Tatsachen ausgehen und sollte selbst nicht unsicher sein. Ratsam ist es, das Gespräch zusammen mit dem jugendlichen Mädchen, ihrer Beraterin bzw. Vertrauensperson und der Mutter und deren Beraterin zu führen. Auf dieses Gespräch muß die Jugendliche gründlich vorbereitet werden. Mögliche Reaktionen der Mutter sollten mit dem jugendlichen Mädchen vorher durchgesprochen werden. Sie muß z. B. wissen, daß es vorkommen kann, daß die Mutter ihr nicht glaubt, oder daß sie nicht bereit ist, sie zu schützen (was eine Herausnahme aus der Familie bedeutet) etc. Die Jugendliche sollte der Mutter über den sexuellen Mißbrauch durch den Vater berichten. Zu ihrem Schutz und ihrer Unterstützung ist ihre Beraterin anwesend. Sie greift unterstützend ein, wenn die Jugendliche nicht mehr weiter weiß. Die Mutter wird durch eine Kollegin begleitet. Die Mutter sollte in diesem Gespräch über den sexuellen Mißbrauch und sein Ausmaß unterrichtet werden. Darüber hinaus ist es wichtig, der Mutter zu vermitteln, daß ihre Tochter die Wahrheit sagt, daß die Tochter sie jetzt dringend braucht, weshalb es notwendig ist, daß sie in dieser Situation zu ihr steht und sie zukünftig schützt (vg. Kap. III).

Für die weitere Entwicklung der Jugendlichen ist es wichtig, eine starke Mutter zu erleben, die sich parteilich und schützend auf die Seite ihrer Tochter stellt. Ideal ist es, wenn die übrige Fa-

milie (ohne den Täter) für die betroffene Jugendliche erhalten
bleibt. Eine Herausnahme der Jugendlichen aus der Familie wird
von den betroffenen jugendlichen Mädchen immer als Schuldzuweisung und Strafe erlebt. Ist die Mutter nicht bereit, sich
schützend für die Tochter einzusetzen, so ist eine Herausnahme
unumgänglich, um sicherzustellen, daß der sexuelle Mißbrauch
gestoppt wird. Ist sie bereit, die Tochter zu schützen, bedeutet
das für sie, sich von ihrem Mann (dem Täter) zu trennen (vgl.
Kap. III).

Notwendige Interventionen in der Familie

Die Offenlegung des sexuellen Mißbrauchs in der Familie mit allen Familienmitgliedern sollte erst dann stattfinden, wenn der
Schutz des jugendlichen Mädchens sichergestellt ist. Nach der Offenlegung darf der Täter nicht mehr zusammen mit der Jugendlichen in der Familie leben; er sollte sie in der nächsten Zeit auch
nicht mehr sehen. Einem Vater, der seine Tochter mißbraucht,
sollte das Sorgerecht entzogen werden. Er hat seine Vaterschaft
verspielt (Rothen 1988). Eine Aussprache vor allen Familienmitgliedern ist notwendig, damit das Geheimnis auch in der Familie
offengelegt wird. Vor allen Familienmitgliedern sollte ausgespro-
chen werden, daß der Vater eine Tochter sexuell mißbraucht hat
und daß er alleine die Verantwortung für die sexuellen Übergriffe
trägt. Die Mutter hat ihre Aufgabe, die Tochter zu schützen, ver-
nachlässigt. Das Gespräch mit dem Vater sollte ein Mann führen.
  Empfehlenswert ist im Anschluß eine kontinuierliche Arbeit
mit allen Familienmitgliedern in Einzeltherapie; abzuraten ist von
einem familientherapeutischen Setting mit allen Familienmitgliedern (vgl. Kap. IV). Auch mit den Jungen in der Familie muß gearbeitet werden, um sie davor zu bewahren, zum Täter zu werden.
Die betroffene Jugendliche sollte in einer kontinuierlichen Beratung bzw. Therapie betreut werden; im Falle einer Anzeige ist
auch die Vorbereitung auf den Gerichtsprozeß in Zusammenarbeit mit einer Rechtsanwältin sowie die Begleitung zum Prozeß

zur emotionalen Unterstützung und Prozeßnachbereitung notwendig (vgl. Kap. VI).

Sehr hilfreich für jugendliche Mädchen ist auch die Arbeit an
den Erfahrungen in einer Gruppenpsychotherapie zusammen mit
anderen betroffenen Jugendlichen.

Einzeltherapie mit jugendlichen Mädchen

Eine Einzeltherapie mit jugendlichen Mädchen erfordert sehr viel
Einfühlungsvermögen und Verständnis für Jugendliche sowie
Kreativität und ein wöchentliches Zeitmaß, welches das einer üb-
lichen Therapie in der Regel überschreitet. Jugendliche haben oftmals nicht die Bereitschaft, an sich zu arbeiten, vor allem dann
nicht, wenn es schmerzhaft ist – und das ist in einem Therapieprozeß in der Regel häufig der Fall. Wenn der sexuelle Mißbrauch
beendet ist, glauben Mädchen, daß jetzt «alles» vorüber ist und für
sie ein neues Leben beginnt, in dem die sexuellen Übergriffe keinen Platz mehr haben. Sie wollen unbeschwert sein, ausgelassen,
alles hinter sich zurücklassen und alles vergessen. Sie möchten
einen Freund finden, der sie liebt und mit dem sie glücklich sind.
Sie glauben, daß eine Auseinandersetzung mit der Vergangenheit
alles nur noch schlimmer mache. In dieser Situation hat es keinen
Sinn, eine Jugendliche in eine Therapie zu drängen. Jugendliche
planen nicht langfristig, sie leben vielmehr im Hier und Jetzt; sie
sind lustorientiert; alles, was Unlust, Schmerz und Trauer bereitet, lehnen sie ab. Jugendliche Mädchen kommen zu regelmäßi-
gen Treffen, solange sie für sich kurzfristig einen Sinn darin sehen.
Das ist zum Beispiel der Fall, wenn Wichtiges zu besprechen oder
zu klären ist, z. B. der Gerichtsprozeß vor- bzw. nachbereitet werden soll, Besuche bei einer Ärztin, Besuche in Heimen oder
Wohngruppen bevorstehen. Mädchen haben in der häuslichen Situation ausreichend Druck und Zwang erlebt, eine Therapie unter
Zureden und Druck ist keineswegs hilfreich – im Gegenteil: sie
verleidet es ihnen, zu einem späteren Zeitpunkt therapeutische
Hilfe anzunehmen, nämlich dann, wenn es ihrem Bedürfnis ent-

spricht. Da müssen Sozialarbeiterinnen und Therapeutinnen manchmal tatenlos zusehen, daß eine Jugendliche die Unterstützung für sich ablehnt, die sie als professionelle Helferinnen für dringend erforderlich halten.

Mädchen und junge Frauen, die für sich – aus welchen Gründen auch immer – keine therapeutische Unterstützung wollen, machen oftmals viele Jahre später die Erfahrung, daß sie Hilfe brauchen. So kann es z. B. sein, daß es ihnen schwerfällt, enge Beziehungen einzugehen, oder daß sie alte Erinnerungen überfallen, die sie hindern, mit ihrem Freund zärtlich zu sein oder zu schlafen. In dieser Situation ist es wichtig, daß sie eine vertraute Person kennen, mit der sie darüber sprechen können.

Eine Einzeltherapie, wie sie in Kap. V, S. 130 beschrieben wird, ist in der Regel mit jugendlichen Mädchen nicht durchführbar. Sie haben keine Vorstellung davon, was in einer Therapie stattfindet. Für sie muß das, was in den Sitzungen geschieht, klar und überschaubar sein. Sie sind überfordert, sich für einen unbegrenzten Zeitraum auf eine Therapie festzulegen. Meiner Erfahrung nach ist das Ziel, sexuelle Gewalterfahrung mit jugendlichen Mädchen im Alter von 13–17 Jahren therapeutisch aufzuarbeiten, zu weit gesteckt. In dieser Altersgruppe geht es mehr um eine beraterische Unterstützung bei der Klärung aktueller Probleme. Dabei sollte die Anzahl der Sitzungen und deren Inhalt zusammen mit den Jugendlichen festgesetzt werden. Acht bis zehn Treffen bilden einen überschaubaren Zeitraum für Mädchen diesen Alters. Die Themen sollten an konkreten Problemen und Interessen der Jugendlichen ansetzen: so zum Beispiel: die Prozeßvorbereitung; die Beziehung zur Mutter, zum Vater, zum Freund oder zur Freundin; Sexualität; Verhütung etc. Die einzelnen Sitzungen sollten didaktisch so aufbereitet sein, daß es der Jugendlichen Spaß macht, an dem jeweiligen Thema zu arbeiten. In der Begleitung von jugendlichen Mädchen ist es erforderlich, flexibel zu sein. Sich mitzuteilen fällt ihnen in der Regel leichter, wenn die Atmosphäre ihren Bedürfnissen entspricht. Ein Beratungs- bzw. Therapiezimmer bringt die Jugendlichen oftmals unter einen Erwartungsdruck. Bei gemeinsamen Spaziergängen, Café-Besuchen fühlen sie sich von diesem Druck befreit und sind gesprächiger. So gehört es für Beraterinnen und Therapeutinnen, die mit jugendlichen Mädchen arbeiten, zum Alltag, mit ihnen Aktivitäten zusammen zu planen und durchzuführen. Dabei sind Besuche von Jugendzentren, Mädchentreffs, Cafés etc. einzubeziehen.

Gruppenpsychotherapie mit Mädchen und jugendlichen Mädchen

Es gibt meines Wissens keine deutschsprachige Literatur über die Durchführung von Gruppenpsychotherapien mit Mädchen, die sexuellen Mißbrauch erdulden mußten. In der amerikanischen Literatur fand ich Darstellungen von Gruppenpsychotherapien mit Mädchen bei Blick & Porter (1982); Carozza & Heirsteiner (1982); Gagliamo (1987); Hazzard et al. (1986), die kurz dargestellt werden sollen. Die Mädchen sind dabei zwischen 9–17 Jahre alt.

Blick & Porter (1982) beschreiben ausführlich ein Gruppenpsychotherapie-Modell mit Mädchen, die sexuell mißbraucht wurden. Diese Gruppenpsychotherapie war Teil des Connectitut's Sexual Trauma Treatment Program (STTP) im Sommer 1977. Die Hauptziele des Programms waren: 1. Das Mädchen zu schützen. 2. Den sexuellen Mißbrauch zu beenden. 3. Die Folgen des sexuellen Traumas zu verringern. 4. Die Familie zu stabilisieren.

Die Autorinnen halten eine Gruppenpsychotherapie für sinnvoll, weil die gemeinsame Mißbrauch-Erfahrung den Mädchen hilft, ihre Isolation aufzuheben und das soziale Stigma, das Geheimnis gebrochen zu haben, zu verringern. Die Mädchengruppe bietet Gelegenheit, Beziehungen zu anderen Mädchen aufzunehmen; das minimiert Gefühle von «Anderssein» und «Fremdsein». Dadurch wird die Gruppenpsychotherapie zu einem natürlichen Prozeß. Die Mädchen brauchen Peergruppen-Identität, um sich akzeptiert zu fühlen. Blick & Porter postulieren als Behandlungsziele folgende: *Ausdruck von Ärger und Wut*, d. h. das Durcharbeiten aller Gefühle, die mit dem sexuellen Trauma verbunden waren. Mit *Sozialisation* bezeichnen sie das Bearbeiten der Grenzverletzungen; weitere Behandlungsziele sind die *Vorbereitung auf den Gerichtsprozeß* und *Sexualerziehung* (S. 164).

Die Gruppenpsychotherapie wird von zwei Therapeutinnen durchgeführt. Die Mädchen sollten ihre Gefühle gegenüber Männern in einer nichtbedrohlichen Umgebung durchleben können. Zudem verhindern männliche Therapeuten zu Beginn der Gruppe, daß Mädchen über den Mißbrauch sprechen. Frauen als Therapeutinnen erleichtern darüber hinaus, so argumentieren die Autorinnen, das Durcharbeiten der Gefühle von Zurückweisung und Nicht-Beschütztwerden durch die Mutter. Zu einem späteren Zeitpunkt sei die Interaktion der Mädchen mit einem «angemessenen männlichen Erwachsenen» für das Rollenlernen durchaus adäquat.

Zu Beginn der Gruppentherapie werden die Mädchen zusätzlich (für ca. 3 Monate) mit einer Einzeltherapie versorgt. Die Co-Therapeutin übernimmt in der Regel die Einzeltherapiesitzungen, die sich verringern, wenn die Mädchen ihren Platz in der Gruppe gefunden haben. Oftmals sind Einzelstunden dann nur noch in Krisen notwendig.

Blick & Porter beschreiben sehr ausführlich, anschaulich und nachvollziehbar, welche formalen Gruppenregeln sie für angemessen halten (S. 149f) und mit welchen Interventionstechniken sie arbeiten (S. 158f). Diese werde ich zum Teil unten erwähnen.

Bei dieser Modellbeschreibung fehlt jedoch die Darstellung der Zusammenarbeit mit der Familie der Mädchen, die sie als Ziel angeben, sowie die Information darüber, wo die Mädchen zur Zeit der Therapie leben.

Carozza & Heirsteiner (1982) beschreiben ein meines Erachtens gut durchdachtes Mal-Gruppenpsychotherapiemodell für Mädchen zwischen 9–17 Jahren. Die Gruppen bestanden aus 6–10 Mädchen und zwei Therapeutinnen. Die Mehrzahl der Mädchen lebte nicht im Elternhaus, sondern bei Verwandten, in Pflegefamilien etc. Dieses Modell verbindet Maltherapie mit Familientherapie. Die Autorinnen sehen Malen bzw. künstlerisches Arbeiten als eine Möglichkeit für Mädchen, ihre Gefühle auszudrücken, wenn ihnen das Sprechen über den sexuellen Mißbrauch schwerfällt bzw. unmöglich ist. Künstlerisch tätig sein, dient den Mädchen als Mittel, sich durch den Konflikt zu arbeiten. Die Dauer der Gruppe ist auf 22 Wochen (ca. fünf Monate) festgesetzt. Verschiedene Tests, die die Autorinnen mit den Mädchen durchführen, zeigen als Ergebnis der Gruppenpsychotherapie u. a.:

– Zunahme des Selbstwertgefühls, was sich besonders in ihrer Art zu malen ausdrückt.
– Einige Mädchen entwickelten eine Stärke, z. B. die Familienmitglieder mit der erfahrenen sexuellen Ausbeutung zu konfrontieren.
– Die Mädchen unterstützten sich gegenseitig darin, den sexuellen Mißbrauch zu akzeptieren, und die Verantwortlichkeit dafür bei den mißbrauchenden Eltern zu lokalisieren, besonders dann, wenn ihre Familienmitglieder die Realität verleugneten.

Die Mädchen veränderten ihr Verhalten, was das Sprechen über den sexuellen Mißbrauch anbetraf. Sie lernten, darüber in größeren Details und mit weniger Verwirrung zu sprechen. Durch die Peergruppe verringerten sich Isolationsgefühle. Sie fühlten sich durch das Malen freier und konnten sich auch verbal besser ausdrücken. Eine Stärkung des Selbstwertgefühls erlebten sie durch das eigene künstlerische Produkt und das Feedback der anderen. Die Gruppe ermöglichte es den einzelnen Mädchen, den sexuellen Mißbrauch als ein Ereignis zu betrachten, das der Vergangenheit angehört.

Leider erwähnen die Autorinnen nicht, wie die Verbindung der Gruppenpsychotherapie mit der Familientherapie aussieht.

Gagliamo (1987) postuliert Gruppenpsychotherapie für Mädchen, die sexuell mißbraucht wurden, weil die Gruppe vor allem hilft, Schuld- und Schamgefühle zu vermindern und Depressionen im Erwachsenenalter verhindert. Das Gruppenpsychotherapie-Modell, das Gagliamo darstellt, erscheint mir sehr problematisch, weil es zum einen sehr viel mit Erklärungen arbeitet und zum anderen die Wiederherstellung der Familie zum Ziel hat. Die Mädchen müssen verstehen, was passiert ist; ihnen wird erklärt, warum sich der Vater und die Mutter so verhielten. Dazu werden

Rollenspiele gemacht und verschiedene Tätertypen aufgestellt, der eigene Vater wird eingepaßt. Fazit: Die Mädchen lernen verstehen, warum der Vater sie benutzt hat, was sie hindert, den eigenen Gefühlen Ausdruck zu geben. So werden die Mädchen darin bestärkt, dem Vater zu glauben, daß er das nicht wieder macht. Das Übernehmen der Verantwortung für das Geschehen sowie die Entschuldigung des Vaters beim Mädchen und den anderen Familienmitgliedern soll ihr Vertrauen zu ihm wieder herstellen. Immerhin fordert die Autorin, daß die Täter / Väter sich in eine Einzel- und Gruppenpsychotherapie begeben. Die Behandlung wird schließlich mit einer Familientherapie abgeschlossen. Gagliamo strebt deutlich ein Wieder-Zusammenleben der Familie an. Der Erhalt der Familie wird als das zu erreichende Ziel einfach vorausgesetzt, ohne die Folgen, die für das betroffene Mädchen daraus erwachsen können, zu problematisieren. Die Autorin erwähnt nicht, wie viele Täter / Väter dazu bereit sind, sich zu entschuldigen und die Verantwortung für ihr Handeln zu tragen. Diese Darstellung des Modells beruht auf der Erfahrung einer Gruppe von Mädchen, die von männlichen Familienmitgliedern mißbraucht wurden.

Das Gruppenpsychotherapie-Modell, das Hazzard et al. (1986) vorstellen, basiert auf Literatursichtung der Autorinnen und aus ihren eigenen klinischen Erfahrungen. Die elf Mädchen, die an den Gruppen teilnahmen, waren zwischen 11 und 16 Jahren alt. Täter waren sowohl Fremde als auch männliche Familienmitglieder. Die Autorinnen orientieren sich in ihrer Arbeit überwiegend an dem Modell von Blick & Porter (1982).

Vorschläge für die Durchführung einer Gruppenpsychotherapie mit Mädchen

Die Bearbeitung des sexuellen Mißbrauchs in einer Gruppenpsychotherapie zusammen mit anderen gleichermaßen betroffenen Mädchen erscheint zunächst deshalb sinnvoll, weil es dem Bedürfnis jugendlicher Mädchen, sich in Peergruppen zu organisieren

und auszutauschen, entgegenkommt. Mädchen brauchen Peergruppen zu ihrer Identitätsbildung (vgl. auch Blick & Porter
1982). Außerdem lassen sich typische Folgen von sexuellem Mißbrauch, wie z. B. das Gefühl betroffener Mädchen, «anders» als
alle anderen zu sein, «nicht normal zu sein», sich isoliert und ausgestoßen zu fühlen, in einer Gruppe leichter bearbeiten. Die explizite Erlaubnis, auch außerhalb der Gruppensitzungen Beziehungen zu anderen Mädchen aus der Gruppe aufzunehmen, verringert Isolationsgefühle sowie Gefühle des «Andersseins». Die
Gruppe wird damit zu einem wesentlichen Bestandteil des Alltags
der Mädchen. Sie gibt ihnen Sicherheit, die sie brauchen.

Mädchen können nur dann in Ruhe und erfolgreich an den traumatischen Erfahrungen arbeiten, wenn sie vor weiteren Übergriffen sicher sind. Deshalb muß vor Therapiebeginn die Beendigung
des sexuellen Mißbrauchs sichergestellt und die räumliche Trennung von Täter und Mädchen gewährleistet sein. Zumindest zu
Beginn der Therapie sollte jegliche Begegnung des Mädchens mit
dem Täter ausgeschlossen sein. Wird ein Zusammentreffen zwischen dem Mädchen und Täter im Laufe des Therapieprozesses
als Wunsch des Mädchens formuliert, sollte es in der Gruppe immer gründlich vorbereitet werden. Eine Begegnung zwischen dem
Mädchen und Täter ist überhaupt nur dann sinnvoll, wenn der
Wunsch dazu von dem Mädchen ausgeht. Forderungen von außen
(vom Täter oder gar von Therapeutinnen) sollten unbeachtet bleiben. Nur wenn Mädchen in der Therapie das nötige Rüstzeug für
eine Begegnung mit dem Täter erarbeitet haben, kann ein Zusammentreffen sinnvoll sein und endet nicht mit einer erneuten Trau-
matisierung. Die Personen, bei denen ein Mädchen, das mißbraucht wurde, lebt, sollten sich – während des Therapieprozesses
des Mädchens – immer auch in Beratung oder Therapie begeben,
um die Veränderungen mittragen zu können. Vor allem in den
Fällen, in denen die Mädchen bei ihren Müttern leben, brauchen
diese dringend eine Unterstützung, um die Mädchen in Zukunft
besser schützen zu können (vgl. Kap. III).

Für eine Gruppenpsychotherapie mit Mädchen gilt ähnliches
wie für die Einzeltherapie. Da jugendliche Mädchen nur selten die

Bereitschaft und Ausdauer haben, therapeutisch an sich zu arbeiten, ist es schwierig, sie für eine längerfristige Mädchengruppe zu
motivieren. Ihr anfängliches Interesse, andere Mädchen kennenzulernen, die ähnliche Erfahrungen gemacht haben, und sich mit
ihnen auszutauschen, ist sehr schnell befriedigt. Danach kommen
sie nur unregelmäßig, und die Gruppe löst sich schnell auf.

Deshalb sollte eine Gruppenpsychotherapie sehr gut geplant
und vorbereitet sein.

Der Ort der Treffen sollte ein neutraler, sicherer Ort sein, wo
sich die Mädchen wohl fühlen und den sie u. U. auch selber gestalten können. Auch wenn Treffen häufig außerhalb stattfinden,
sollte es einen sicheren Treffpunkt geben.

Als Zeit der Treffen ist in der Regel der späte Nachmittag geeignet. Gruppensitzungen sollten einmal in der Woche 1 ½ bis 2
Stunden sein. Die Sitzungen legt man am besten an den Wochen-
anfang, damit Probleme, die dort entstehen, noch in der Woche
geklärt werden können und die Mädchen nicht am Wochenende
allein damit sind (vgl. auch Blick & Porter 1982).

Die Häufigkeit der Treffen muß für die Mädchen zu Beginn
überschaubar sein. Es erscheint sinnvoll, zunächst acht oder zehn
Sitzungen zu vereinbaren und danach den Vertrag jeweils um
einen für die Mädchen überschaubaren Zeitrahmen zu verlän-
gern. Ein Gruppenbeginn im Frühjahr oder Frühsommer ermöglicht besonders in der Phase des Kennenlernens schöne Grup-
penaktivitäten im Freien.

Der Weg zu den Gruppentreffen sollte mit jedem einzelnen
Mädchen besprochen werden. Die Mädchen sollten ohne Hilfe
Erwachsener den Weg zu den Sitzungen zurücklegen können, damit Erwachsene nicht den Gruppenprozeß blockieren können, indem sie das Bringen und Abholen der Mädchen sabotieren. Abzusprechen gilt, auf welche Weise jedes Mädchen kommt und ob
Mädchen zusammengehen bzw. -fahren können (Blick & Porter
1982).

Darüber hinaus sollte zu Beginn abgesprochen werden, ob die
Gruppe für neue Mädchen offen ist oder nach 2–3 Sitzungen geschlossen wird. Letzteres ist für den Gruppenprozeß wichtig und

zu empfehlen. Das erleichtert die Vertrauensfindung untereinander und ermöglicht intensiveres Arbeiten. Die Gruppengröße sollte 6–8 Mädchen nicht überschreiten. Auch vom Entwicklungsstand der Mädchen her sollte die Gruppe relativ homogen sein; hier ist meiner Erfahrung nach das Alter weniger entscheidend als die psychische Entwicklung. Mädchen, die sexuell mißbraucht wurden, können in ihrer gesamten Entwicklung für ihr Alter zurückgeblieben oder auch ihren Altersgenossinnen sehr weit voraus sein. Ein zu großes Entwicklungsgefälle ist für den Gruppenprozeß eher hinderlich.

Erfrischungen während der Sitzungen sind für Jugendliche wichtig. Die Teilnehmerinnen sorgen selbst für Getränke oder einen kleinen Imbiß. Dies stellt die symbolische Versorgung jedes Mädchens durch die Gruppe dar. Bei Geburtstagen oder anderen festlichen Gelegenheiten sorgen die Therapeutinnen für das leibliche Wohl ihrer Klientinnen (Blick & Porter 1982; Hazzard et al. 1986).

Eine Mädchengruppe sollte nur von zwei Therapeutinnen angeleitet werden (vgl. Kap. II, «Frauen als Beraterinnen»). Eine der Therapeutinnen sollte für jedes Mädchen auch Ansprechpartnerin in Krisenzeiten sein.

In der Gruppenarbeit ist es sinnvoll, themenzentriert zu arbeiten. Die Themen sollten zusammen mit den Mädchen erstellt und inhaltlich mit ihnen vorbereitet werden. Wichtig ist, daß die Themen nach den Interessen der Mädchen gewählt werden. Mädchen müssen von Anfang an erfahren, daß sie mit ihren Ideen und Wünschen ernst genommen werden und daß ihre Grenzen respektiert werden. Das heißt nicht, daß nur das getan werden darf, was die Mädchen wünschen, sondern die Themen sollten zusammen erarbeitet werden; den Mädchen sollte die Auswahl und Vorgehensweise durchsichtig, klar und verständlich sein. Alle Interessengebiete, die Mädchen als zu besprechen vorschlagen, führen immer auch auf ihre traumatischen Erfahrungen zurück. Therapeutinnen sollten diesen Zusammenhang immer wieder herstellen. Themen, die von den Mädchen gewählt werden, sind in der Regel: Beziehung zu den Eltern; zum Freund; zur Freundin; Sexualität; Schul-

probleme; etc. Einzelne Mädchen sollten auch – wenn nötig – in
der Gruppe auf den Gerichtsprozeß vorbereitet werden. Das Vertrauen der Mädchen untereinander und zu den beiden Begleiterinnen bildet die Grundlage für eine gut funktionierende Gruppe.
Deshalb sollte für die Vertrauensfindungsphase ausreichend Zeit
vorhanden sein. Gemeinsame Aktivitäten und Freizeitgestaltung
bieten Gelegenheit, zusammen Spaß zu haben, um sich näher kennenzulernen und Vertrauen aufbauen zu können. Freundschaften
innerhalb der Gruppe vermindern Isolationsgefühle sowie Gefühle, «anders als die anderen zu sein». Sich verbunden mit den
anderen und den anderen gleichwertig zu fühlen, bietet gute Vor-
aussetzungen, zusammen intensiver zu arbeiten. Wichtig für die
Arbeit mit Mädchen ist, ihr Selbstwertgefühl enorm zu stärken.
Das gelingt durch Bestätigen ihrer Wahrnehmung und Gefühle
sowie durch das Ansetzen an den Fähigkeiten und Kompetenzen
einzelner Mädchen. Die Thematisierung und Bearbeitung der sexuellen Mißbrauchserfahrung kann oftmals erst nach einer Phase
der Vertrauensfindung und Stärkung des Selbstwertgefühls Inhalt
einzelner Sitzungen sein. Sitzungen, deren Inhalt allein aus Gesprächen besteht, unabhängig vom Inhalt, werden für jugendliche
Mädchen sehr schnell langweilig. Blick & Porter (1982, S. 164)
schlagen eine Anzahl Interventionstechniken vor, wie Gruppensitzungen sinnvoll zu gestalten sind: zum Beispiel durch Ken-
nenlernspiele; Rollenspiele, um bestimmte Situationen, wie Gerichtsprozeß oder Gespräche mit Familienmitgliedern zu üben;
Malen und künstlerisches Gestalten; Beobachtung der eigenen
Körpersprache und Bewegung etc. Gruppentreffen sollten nicht
nur in Beratungsräumen, sondern auch draußen, in Cafés, Jugendzentren, beim Spaziergang etc. stattfinden. Auch ein Kino-
oder Discobesuch können dazugehören. Das erfordert von den
Begleiterinnen jedoch ein hohes Maß an Zeit und Flexibilität.

III. Die Arbeit mit Müttern

Zur Situation der Mütter beim intrafamiliären sexuellen Mißbrauch

Wird über intrafamiliären sexuellen Mißbrauch an Mädchen ge-sprochen, wird der Blick sehr schnell vom Täter weg auf die Müt-ter gerichtet: Wie können Mütter es zulassen, daß ihre (Ehe-) Männer ihre Töchter jahrelang sexuell mißbrauchen und verge-waltigen? Wissen sie von den Übergriffen nichts? Sind sie gar mit daran beteiligt? Was sind das für Frauen, die ihre Töchter nicht schützen? Wie gefühlskalt müssen diese Frauen sein, die sexuelle Übergriffe auf ihre Töchter dulden? Häufig richtet sich die An-klage so massiv gegen die Mutter, daß der Eindruck entsteht, nicht der Vater, sondern sie sei die Täterin. In der Literatur finden sich gehäuft Vorwürfe gegen die Mütter:

Ihnen wird zum Beispiel vorgeworfen:
- Sie seien von ihren Männern abhängig, ihren Männern gegen-über unterwürfig und passiv.
- Sie seien nicht in der Lage, auf die emotionalen Bedürfnisse ihrer Männer und Kinder einzugehen; sie seien für beide emo-tional nicht verfügbar.
- Sie verweigerten ihren Männern den Beischlaf.
- Sie seien feindselig ihren Töchtern gegenüber.
- Sie seien am sexuellen Mißbrauch aktiv beteiligt: Sie förderten die Übergriffe, indem sie sich sexuell verweigerten und damit ihre Töchter ihrem Mann auslieferten, um die eigene Haut zu retten.
- Sie entzögen sich der Hausfrauen- und Mutterrolle und dele-gierten diese an die Tochter, die sie dem (Ehe-)Mann als Ersatz anböten.

Alle oben genannten Erklärungen für die Ursache des sexuellen Mißbrauchs an Mädchen in der Familie sind Schuldzuweisungen an die Mutter. Sie scheint die Hauptverantwortliche zu sein, deren Verhalten den sexuellen Mißbrauch an Mädchen in der Familie erst auslöst.

Sexueller Mißbrauch hat seine Ursache in unserem patriarchalischen Gesellschaftssystem und in der Vorherrschaft und Verfügungsmacht von Männern über Frauen. Die gesellschaftliche Tabuisierung des intrafamiliären sexuellen Mißbrauchs verschleiert die Tatsache, daß in den meisten Fällen Vaterfiguren die Täter sind. Wagt es ein Mädchen, über die sexuellen Übergriffe zu sprechen, muß sie mit massiven Schuldzuweisungen rechnen. Ihr wird vorgeworfen, sie habe ihren Vater verführt – mitbeschuldigt wird ihre Mutter: ihr Verhalten hat die Übergriffe erst ermöglicht. Damit wird der Verursacher zu einer Randfigur; er wird entlastet. Bei extrafamiliärem sexuellem Mißbrauch durch einen Fremden hingegen wird der Täter als Bestie öffentlich beschuldigt. Die Skandalisierung des fremden Täters ist eine Strategie, um von den alltäglichen intrafamiliären sexuellen Gewalthandlungen von Vätern an Töchtern abzulenken.

Die Rolle der Mutter aus der Sicht der Mädchen

Die Situation der Mädchen zur Zeit des sexuellen Mißbrauchs wurde an anderer Stelle schon verdeutlicht (vgl. Kap. II, «Zur Situation der Mädchen in der Familie»). Eine enge vertrauensvolle Beziehung zur eigenen Tochter zu haben, kommt Männern dann zunutze, wenn sie die Absicht haben, ihre Tochter sexuell auszubeuten.

Für ein Mädchen ist es schön, wichtig für den Vater zu sein. Wenn er auf sie eingeht, sich um sie kümmert, sie beschenkt und umsorgt, fühlt sie sich zu ihm hingezogen und vertraut ihm. Die Beziehung zu ihm wird enger. Die Mutter ist ihr in dieser Zeit weniger wichtig. Mädchen spüren zunächst nicht, daß der Vater schrittweise ihre Beziehung zur Mutter untergräbt; sie überschauen die Rolle, die ihnen zugedacht wird, nicht und vertrauen dem Vater. Mädchen spüren sehr bald, daß sie für den Vater wichtiger sind als die Mutter. Das bringt sie in eine Konkurrenzsituation zur Mutter, die ihre Beziehung zur Mutter zusätzlich schwächt. Der Verlust der Beziehung zur Mutter wird für sie jedoch erst dann schmerzlich fühlbar, wenn die Übergriffe des Vaters manifest werden.

Mädchen unternehmen in dieser Situation alles Erdenkliche, um dem Mißbrauch zu entkommen. Wenn das alles nichts hilft, der Geheimhaltungsdruck unerträglich wird und sie es nicht schaffen, die Handlungen alleine zu beenden, bemerken sie die Falle. Sie glauben, den Zeitpunkt verpaßt zu haben, sich der Mutter anzuvertrauen. Die Strategie des Täters, seine Tochter emotional von der Mutter zu entfernen, zeigt hier deutlichen Erfolg. Die Mädchen haben nicht mehr die vertrauensvolle Beziehung zur Mutter, die nötig wäre, ihr das mitzuteilen. Zudem geht es ja nicht um einen fremden Täter, sondern um den Mann der Mutter. Mädchen wissen genau, daß die Mutter sehr verletzt sein wird, wenn sie davon erfährt. Sie befürchten – oft zu Recht –, daß sie ihnen nicht glauben wird. Da der Vater der Täter ist, gibt es für die Mädchen kaum eine Möglichkeit, seinen Übergriffen auszuweichen. Mädchen sind in dieser Situation meist ohne eine vertraute Person – vollkommen allein.

Da Mädchen sich das veränderte Verhalten des Vaters nicht erklären können, übernehmen sie die Sichtweise des Täters. Für den Vater liegt die Ursache für sein Handeln im Verhalten seiner Ehefrau begründet: Sie steht ihm sexuell nicht jederzeit zur Verfügung und/oder geht nicht auf seine Wünsche ein. Da liegt es für ihn nahe, sich eine andere Person zu suchen, die er sich verfügbar machen kann.

Die Mädchen und Frauen, mit denen ich sprach, begründeten die sexuellen Übergriffe des Vaters in der Regel mit der Abwesenheit der Mutter von zu Hause durch die Geburt eines weiteren Kindes, durch Krankheit, Arbeit oder Tod der Mutter. Oftmals erwähnten sie, daß sich die Mutter dem Vater sexuell verweigert habe. Diese Sichtweise hatten sie von ihren Vätern übernommen.

Mädchen wählen den Blick ihrer Väter, auch weil sie sich in dieser Situation von ihren Müttern sehr allein gelassen fühlen.

Generell kann man davon ausgehen, daß eine Mutter von dem Mißbrauch, der in ihrer Familie passiert, weiß, ihn zumindest ahnt oder spürt. Das bestätigten die betroffenen Mädchen und Frauen. Selbst in den Fällen, in denen ein Mädchen oder eine Frau sicher war, daß ihre Mutter nichts davon gewußt hat, wurden im Verlauf des Gesprächs Zweifel daran laut. Die Enttäuschung, Trauer, Wut und der Haß der betroffenen Mädchen und Frauen, von der Mutter allein gelassen worden zu sein und keinen Schutz erhalten zu haben, ist verständlich.

Dennoch: Keine Mutter ist verantwortlich für den sexuellen Mißbrauch ihres Mannes an ihrer Tochter. Die Verantwortung für sein Handeln trägt immer allein der Täter. Es ist jedoch die Aufgabe jeder Mutter (und natürlich auch jeden Vaters), ihre (seine) Kinder vor jedem Mißbrauch zu bewahren. So trägt die Mutter die Verantwortung dafür, die Tochter in dieser Situation allein gelassen und nicht beschützt zu haben, sobald sie von den Übergriffen erfahren hat.

Um das Verhalten der Mütter zu verstehen, ist es jedoch erforderlich, die Perspektive zu wechseln und die Situation der Mütter aus ihrer Sicht zu betrachten und nicht aus der Sicht der Tochter bzw. des Täters.

Die Rolle der Mutter aus der Sicht der Mutter

Die Schwierigkeiten einer Mutter, deren Tochter durch ihren Ehemann bzw. Partner sexuell mißbraucht wird, liegen darin, ihre Tochter vor dem eigenen Mann (und oft auch Vater des Mädchens) beschützen zu müssen – also vor der Person, zu der sie selbst in der Regel eine enge emotionale Beziehung hat und der sie auch vertraut. Der Täter ist ihr (Ehe-)Mann bzw. Partner, zu dem sie immer auch in einem Abhängigkeitsverhältnis steht.

Leider können Frauen in dieser patriarchalischen Gesellschaft nicht davon ausgehen, daß sich ihre Ehemänner und Partner ge-

nauso sorgend um ihre Kinder kümmern wie sie selbst. Sie müssen
sein Handeln den Kindern gegenüber – zu deren Schutze – immer
auch kritisch betrachten. Frauen, die sich kritisch Männern gegenüber verhalten, werden sehr schnell als mißtrauisch bezeichnet,
und mißtrauisch dürfen Frauen ihren Männern gegenüber in dieser Gesellschaft nicht sein. Frauen wird per se Mißtrauen und Eifersucht zugeschrieben. In Beziehungen sollen Frauen ihren Männern gegenüber Vertrauen haben – am besten ist es, wenn sie ihnen «blind» vertrauen. Eine Frau, die kein blindes Vertrauen in
ihren Mann hat, ist schlecht, hysterisch und überempfindlich.
Nicht etwa der ist schlecht, der schlecht handelt. In diesem Zwiespalt leben Mütter: einerseits ihre Kinder «voll Vertrauen» auch
mit deren Vater allein lassen zu wollen und zu müssen; anderer-
seits immer auch zum Schutze ihrer Kinder das Verhalten ihrer
Männer kritisch betrachten zu müssen.

Wie erfahren Mütter von dem sexuellen Mißbrauch an der Tochter?

Es gibt verschiedene Möglichkeiten, wie eine Mutter auf den sexuellen Mißbrauch aufmerksam werden kann. Zum Beispiel
durch eigene Beobachtung: sie bemerkt Veränderungen im Verhalten der Tochter. Für ihre Beobachtungen lassen sich sehr
schnell Erklärungen finden: die Tochter hat beispielsweise Probleme in der Schule, mit der Freundin etc. Oder die Mutter stellt
fest, daß Vater und Tochter ganz «anders» miteinander umgehen
als sonst. Die Mutter ist froh, daß sich der Vater mehr um die
Tochter kümmert, das entlastet sie. Selbst wenn sie die Idee hat, es
könnten sexuelle Übergriffe stattfinden, wird sie alles dafür tun,
sich selbst diese Verdachtsmomente zu zerstreuen. Der Gedanke
ist zu schrecklich; das darf nicht sein.
   Oftmals kommentieren Männer im Beisein ihrer Ehefrauen die
pubertäre Entwicklung der Tochter. Sie äußern sich über das
Wachsen des Busens und die übrigen fraulichen Körperverände-
rungen. Im Vorübergehen grapschen sie unter verbaler Anmache

der Tochter an die Brust. Das Abwehren solcher Übergriffe durch die Tochter übergehen sie mit den Worten: «Hab dich doch nicht so – schließlich bin ich dein Vater.» Auf Bemerkungen der Mutter, dieses Betatschen einzustellen, reagieren sie mit dem Vorwurf, die Mutter sei ja nur eifersüchtig auf die Tochter. In dieser Situation machen Mütter sich vor, daß ihr Mann es bei diesem Angrapschen belasse, und glauben, wenn er in ihrem Beisein wage, der Tochter an die Brust zu fassen, würde wohl «Ernsthafteres» nicht passieren. Erst wenn Mütter sich von ihren Männern getrennt haben, wird es ihnen möglich, das volle Ausmaß des Mißbrauchs zu erkennen.

Häufig versuchen betroffene Mädchen, ihre Mütter auf den sexuellen Mißbrauch aufmerksam zu machen. Da ihnen die Worte dafür fehlen, das Geschehene direkt anzusprechen, versuchen sie mit ihren Ausdrucksmöglichkeiten, der Mutter mitzuteilen, was passiert. Die Mädchen sagen zum Beispiel: «Mama, der Papa ist in der letzten Zeit zu mir so komisch.» Oder: «Der Papa will mich immer küssen; der kommt abends immer zu mir ins Bett.» Die Mütter verstehen nicht, was ihnen die Tochter sagen will. Ihnen ist die Sicht verstellt, hinter diesen Aussagen einen möglichen sexuellen Mißbrauch zu sehen. Sie fragen deshalb auch nicht nach: «Was meinst du mit komisch?» oder «Was macht er denn?», sondern antworten z. B.: «Der hat dich eben gern; der will dir doch ‹gute Nacht› sagen.» Damit nehmen sie ihrer Tochter die Möglichkeit, sich weiter auszusprechen. Die Tochter hat das Gefühl, «die Mutter will mich nicht anhören»; «sie will davon nichts wissen». Die Mädchen gehen davon aus, daß ihre Andeutungen ausreichen, der Mutter verständlich zu machen, was ihnen geschieht. Ihre Hinweise müßten doch genügen, so glauben sie, der Mutter ihre Situation zu verdeutlichen. Die Mutter müsse doch spüren, daß es sich um sexuelle Übergriffe durch den Vater handelt. Die Mutter ist jedoch oftmals bereit, alles andere zu verstehen – nur einen sexuellen Mißbrauch durch den eigenen Mann zu vermuten, das ist ihr nicht möglich. Sie wird später immer sagen: «Meine Tochter hat mir ja nichts davon erzählt.»

Mädchen, die verbal nicht mitteilen können, was ihnen angetan wird, ziehen sich zurück, klammern sich an die Mutter, meiden den Vater oder reagieren häufig psychosomatisch, um auf den sexuellen Mißbrauch aufmerksam zu machen. Sie klagen z. B. über starke Unterleibsschmerzen oder über Juckreiz am ganzen Körper u. ä. Nachdem durch einen Arzt organische Ursachen ausgeschlossen wurden, wird die Mutter die Beschwerden ihrer Tochter weniger ernst nehmen. Das Mädchen hört auf zu klagen. Erst wenn sie deutlichere Signale gibt, z. B. aus dem Elternhaus wegläuft oder schwanger wird, fragt sich die Mutter, warum ihre Tochter sich ihr nicht anvertraut hat.

In seltenen Fällen erfahren Mütter den sexuellen Mißbrauch auf dem Umweg über eine dritte Person: z. B. durch eine Lehrerin, eine Kindergärtnerin, eine Sozialarbeiterin oder eine Beraterin.

Mädchen, die vom Vater sexuell mißbraucht werden, erwarten von ihren Müttern, daß diese den Mißbrauch spüren und ahnen, daß diese doch merken müssen, was passiert. Sie glauben, ihrer Mutter hätte doch auffallen müssen, daß ihr Ehemann nachts oftmals nicht in seinem Bett liegt. Sie hätte nachschauen und ihr beistehen müssen. Mütter, deren Tochter vom (Ehe-)Mann sexuell benutzt wird, haben die Verantwortung für diese Tochter meist an ihren Mann abgegeben. Aufgrund der besonderen Beziehung ihres Mannes zu ihrer Tochter glauben Mütter nicht selten, gerade diese Tochter sei von ihrem Mann gut versorgt.

Einige betroffene Frauen erzählten, ihre Mutter habe die sexuellen Übergriffe sogar gefördert oder inszeniert; schließlich habe sie darauf bestanden, daß sie zwischen dem Vater und ihr im Ehebett schliefe – oder die Mutter habe sie immer zum Vater ins Bett geschickt. In dieser Situation mißbrauchen beide Eltern die Tochter zur Regulierung ihrer ehelichen Konflikte. Unabhängig davon, ob die Mutter unbeabsichtigt oder in der Absicht handelt, dadurch selbst sexuell verschont zu bleiben, liegt es in der Verantwortung des Vaters, diese Situation nicht zu seiner Bedürfnisbefriedigung auszunutzen. Der Vater begeht den Mißbrauch und ist auch dafür verantwortlich.

Die Reaktion der Mütter auf die Offenlegung

Die Reaktionen der Mütter auf das Bekanntwerden der sexuellen Übergriffe sind sehr unterschiedlich und von verschiedenen Faktoren abhängig, z. B. von der Beziehung zu ihrem Mann: Lebt sie mit ihm in Trennung oder Scheidung? Ist sie ökonomisch von ihm abhängig? Wie ist die Beziehung zu ihrer Tochter? Gibt es Freundinnen oder Verwandte, die sie emotional unterstützen? Durch wen hat sie von dem sexuellen Mißbrauch erfahren? Wurde sie als Mädchen selbst vom Vater sexuell mißbraucht?

Solange Mütter eine emotionale Beziehung zum Täter haben oder eine andere Abhängigkeit zu ihm besteht, können Mütter die sexuellen Übergriffe auf die Tochter nicht wahrnehmen. Sie müssen sie abwehren. Die Situation ist für sie selbst so bedrohlich, daß sie ihre Wahrnehmungen nicht ernst nehmen und diese umdeuten.

Deshalb ist ihre erste und verständliche Reaktion, «es» nicht wahrhaben zu wollen. Mütter haben in dieser Situation keine Antenne dafür, sexuelle Gewalt ihres Mannes an der eigenen Tochter zu spüren. Sie dürfen die Übergriffe nicht wahrnehmen, weil dadurch auch ihr eigenes gesamtes Leben bedroht ist. Aus der Sicht der betroffenen Mädchen bagatellisieren oder ignorieren die Mütter die Hilferufe oder Aussagen ihrer Tochter. Weil ihre Abwehr vor dem sexuellen Mißbrauch sehr stark ist, geben sie sich und der Tochter Erklärungen für das Verhalten des Vaters: «Er kommt zu dir ins Bett, weil er dich lieb hat; der meint das nicht so.» «Er ist doch dein Vater.» Sie hoffen, alles sei nur ein Mißverständnis, das sich aufklären läßt. Mütter fühlen sich oftmals im Zwiespalt zwischen «es nicht wahrhaben wollen» und «mehr Informationen darüber wollen»; sie trauen sich aber nicht, nachzufragen. Mehr darüber zu wissen, der Realität ins Auge zu sehen, bedeutet auch, handeln zu müssen. Selbst wenn die Tochter den sexuellen Mißbrauch durch den Vater unmißverständlich ausspricht, zweifeln Mütter oft, ob sie der Tochter glauben sollen, und suchen nicht selten die Schuld im Verhalten der Tochter.

Ist der sexuelle Mißbrauch einmal endgültig offengelegt, können Mütter in dieser Situation für die Tochter zunächst keine echte

Hilfe sein; sie sind nicht unparteiisch. Sie brauchen erst einmal selbst Hilfe und Unterstützung.

Zunächst stehen auch für die Mütter ihre eigenen Gefühle im Vordergrund und beeinflussen ihr Verhalten deutlich: sie fühlen sich verletzt, gekränkt, hintergangen und betrogen. Sie empfinden sich selbst als minderwertig, ungenügend und haben das Gefühl, sexuell nicht attraktiv genug zu sein. Sie fühlen sich unsicher und hilflos, wie erstarrt. Sie sind genauso sprachlos wie ihre Tochter und können nicht fassen, was da passiert ist, auch nicht, wie das passieren konnte. Häufig fühlen sie sich selbst verantwortlich für den sexuellen Mißbrauch an der Tochter und reagieren mit großen Schuldgefühlen, glauben, als Mutter und als Frau versagt zu haben. Sie fühlen sich handlungsunfähig; vielfältige Angstgefühle lähmen sie: Angst vor der Wahrheit; Angst vor Konsequenzen: sich mit dem Mann darüber auseinandersetzen zu müssen; Angst vor seiner Reaktion; Angst vor seinen Gewalttätigkeiten; Angst, ihn zu verlieren; Angst, allein mit den Kindern zu leben; Angst vor der Reaktion von Verwandten und Freunden; ihre größte Angst ist, ganz allein mit dieser Situation fertig werden zu müssen.

Der Tochter gegenüber empfinden Mütter vor allem Mißtrauen, Eifersucht und Ärger. Sie sind enttäuscht und verletzt darüber, daß sich die Tochter ihnen nicht anvertraut hat. Sie können nicht verstehen, daß ihre Tochter kein Vertrauen zu ihnen hatte, wo sie doch die Mutter sind. Die Tatsache, daß sich die Tochter ihnen nicht anvertraut hat, deuten sie oftmals um in eine Mitschuld der Tochter. Wäre sie nicht beteiligt, hätte sie ja darüber sprechen können. Empörung darüber, daß der Tochter etwas angetan wurde, können Mütter häufig zunächst nicht empfinden, weil sie sich selbst sehr verletzt fühlen. Auch ihr Vertrauen in den Mann wird von diesem ausgenutzt. Ihre emotionale und finanzielle Abhängigkeit sowie die Unterlegenheit ihrem Mann gegenüber, macht es unmöglich, auch ihm gegenüber Haß, Wut und Verachtung zu spüren. Diese Gefühle projizieren sie oftmals auf die Tochter. Sie stehen zwischen Mann und Tochter, wobei ihre Loyalität dem Partner gegenüber meistens überwiegt. Mutter und Tochter beschuldigen sich oftmals gegenseitig, Ursache für das

Verhalten des Täters zu sein. Sie handeln die Folgen unter sich aus und tragen dann selbst die Konsequenzen, während der Täter verschont bleibt. Er spielt den Unschuldigen und ist in der Regel nicht bereit, die Konsequenzen für sein Handeln zu übernehmen.

In dieser Situation wissen Mütter nicht, an wen sie sich wenden können. Sie fühlen sich hilflos, etwas zu entscheiden oder zu unternehmen. Sie wissen, daß es sinnlos ist, mit dem Mann darüber zu reden, weil es nicht weiterhilft und nichts verändert. Ihre Versuche, mit dem Mann/Partner darüber zu sprechen, werden von diesem meist abgetan: Sie seien hysterisch, überempfindlich, ihre Reaktion geradezu lächerlich, ihre Phantasie kenne keine Grenzen. Einige Mütter reden mit ihrem Mann darüber; sie wollen die Wahrheit wissen. Sie glauben ihm, wenn er verspricht, die Tochter nicht weiter zu belästigen. Jedoch überprüfen sie sein Verhalten nicht, indem sie etwa die Tochter fragen, ob es wieder vorgekommen ist – sie vertrauen ihm blind. Besonders in den Fällen, in denen die Mütter selbst Erfahrungen mit den Gewalttätigkeiten des Mannes haben, wagen sie nicht, ihn darauf anzusprechen. Die Angst vor der Entscheidung, was sie tun sollen, wenn das wieder vorkommt, lähmt sie, hindert sie, etwas zu unternehmen. Es ist ihnen klar, daß es keine harmonische Lösung gibt. Davor haben sie große Angst. Zusätzlich sind die eigenen Verletzungen so stark, daß sie unfähig sind, der Tochter zu helfen.

Eine Mutter, die in dieser Situation zu ihrer Tochter steht, ist für diese eine große Hilfe. Das ist jedoch nur für eine selbstbewußte, autonome Mutter möglich, die weiß, daß Mädchen an den sexuellen Übergriffen immer unschuldig sind. Eine Mutter, die sich parteilich auf die Seite ihrer Tochter stellt, entlastet diese, nimmt ihr die Schuldgefühle, vermittelt ihr ein Gefühl von Stärke und bewahrt sie so vor weiteren Schädigungen. Mutter und Tochter sind dann nicht, jede für sich, hilflos und einsam, sondern zu zweit stark. Wenn Mutter und Tochter mißtrauisch aufeinander sind, in Konkurrenz zueinander stehen und sich gegenseitig bekämpfen, profitiert davon nur der Täter: Sie unterstützen ihn darin, als Verursacher keine Verantwortung zu übernehmen; er wird entlastet. Die Frauen klären das unter sich, bekämpfen sich, oder die Tochter wird in ein Heim eingewiesen. Damit bleibt immer eine Frau dem Täter erhalten. Er kann mit der übrigen Familie weiterleben, so als wäre nichts geschehen. In der Regel wird er sich bald an der nächsten Tochter vergreifen. Eine Mutter, die sich parteilich auf die Seite ihrer Tochter stellt, stärkt deren Selbstwertgefühl, was enorme Auswirkungen auf ihr weiteres Leben hat. Der Tochter bleibt die übrige Familie, die Mutter und die Geschwister erhalten. Das ist für ihre Entwicklung von großer Bedeutung. Eine Trennung des Mädchens von den anderen Familienmitgliedern ist für das Mädchen immer eine Strafe und Schuldzuweisung.

Mütter, die nach der Offenlegung den sexuellen Mißbrauch weiterhin verleugnen, abwehren, ihren Töchtern nicht glauben oder ihnen die Schuld daran zuweisen, sind nicht in der Lage, diese vor weiteren Mißbrauchshandlungen zu bewahren. Diesen Müttern sollte, ebenso wie den mißbrauchenden Vätern, das Sorgerecht entzogen und die Tochter aus der Familie genommen werden.

Warum schützen Mütter ihre Töchter nicht?

Das Verhalten einer Mutter, den sexuellen Mißbrauch an der Tochter nicht wahrhaben zu wollen oder gar zu verleugnen, hat verschiedene Ursachen: Alle Frauen in dieser Gesellschaft leben in Gewaltverhältnissen. Gewalt gegen Frauen ist «ganz alltäglich», sie ist so subtil, daß Frauen sie oftmals nicht bemerken. Frauen stellen sich unter den Schutz eines Mannes, dem sie vertrauen, um vor sexuellen Übergriffen durch einen Fremden sicher zu sein. Aber: gerade im häuslichen Rahmen, in «vertrauensvollen Beziehungen», spielt sich die brutalste Gewalt von Männern gegen Mädchen und Frauen ab; das zeigt die Arbeit der Frauenhaus- und Notrufbewegung. Diese Gewalt durch männliche Familienmitglieder, Verwandte und gute Bekannte ist deshalb so entsetzlich und gefährlich, weil sie heimtückisch, unausgesprochen und gemein ist – und weil Mädchen und Frauen sich gerade zu Hause am sichersten glauben.

Frauen, die ausschließlich Hausfrau und Mutter sind, haben die Verantwortung für ihr Leben und das ihrer Kinder meist abgegeben und diese vertrauensvoll in die Hände ihrer Männer gelegt. Gerade Frauen, die das traditionelle Rollenbild leben, sich über Mann und Kinder definieren und von ihrem Mann finanziell abhängig sind, wird ihr gesamter Lebensplan zerstört, wenn sie den sexuellen Mißbrauch als Realität anerkennen. Ihre Vorstellung, «in einer heilen Familie zu leben», eine gute Hausfrau, Ehefrau und Mutter zu sein, «es besser gemacht zu haben als die eigenen Eltern», zerbricht. Sie haben das Gefühl, als Hausfrau, Ehefrau und Mutter versagt zu haben. Ihr gesamtes Lebenskonzept ist zerstört, nichts bleibt übrig.

Konsequentes Handeln bedeutet für die Mutter, ihr Leben grundsätzlich zu verändern und endet immer in einer Trennung vom Ehemann bzw. Partner (Täter). Es ist ihnen nicht möglich, ihre Lebensgrundlage aufrechtzuerhalten und gleichzeitig den Schutz der Tochter zu sichern. Konsequentes Handeln bedeutet neben Trennung, Auseinanderbrechen der Familie in dieser Gesellschaft in der Regel auch sozialen Abstieg für die Frauen. Frauen, die sich in dieser Situation von ihren dominierenden Männern trennen und mit ihren Kindern alleine leben, finden keine neuen Rollenmodelle vor. Sie haben ihre gesellschaftlich definierte Rolle, sich ihrem herrschenden Mann unterzuordnen, verlassen und sich von ihm abgegrenzt. Mit ihrer neuen Rolle als Alleinerziehende und damit «Rabenmutter» stehen sie allein gegenüber vielfältigen Vorurteilen und sozialen Stigmatisierungen.

Konsequentes Handeln heißt für diese Frauen aber auch, das eigene Leben selbstbestimmt in die Hand zu nehmen und nicht wieder an einen Mann abzugeben. Und das macht Angst, für Frauen besonders, denn das haben Frauen nicht gelernt. Immerhin gilt es immer noch als «normales Frauenleben» in dieser Gesellschaft: zusammen mit einem Mann zu leben, von diesem ökonomisch abhängig zu sein, den eigenen Arbeitsplatz aufzugeben und Kinder zu haben.

Zu diesen gesellschaftlichen Faktoren, die verhindern, daß Mütter sich schützend auf die Seite ihrer Töchter stellen, kommen immer auch persönliche hinzu, oft sind beide nicht voneinander zu lösen.

Nicht selten haben Mütter, deren Tochter vom Ehemann bzw. Partner sexuell mißbraucht wird, als Mädchen selbst sexuelle Gewalt in ihrer Familie erlebt. Sie haben die eigenen Erfahrungen nicht verarbeitet und sind deshalb auch nicht in der Lage, die Tochter zu schützen. Weil sie ihren eigenen Schmerz in der Kindheit nicht wahrnehmen durften, können sie auch die Signale ihrer Tochter nicht sehen. Werden sie direkt auf die sexuellen Übergriffe angesprochen, reagieren sie so, wie sie der sexuellen Gewalt ihres Vaters gegenüberstanden: Sie sind wie gelähmt, hilflos und unfähig, etwas zu unternehmen und die Tochter zu schützen.

Eine Frau, die die Gewalttätigkeiten ihres Mannes erduldet, ist auch nicht fähig, sich zum Schutz ihrer Tochter gegen ihn zu stellen. Sie reagiert auf den Mißbrauch, indem sie ihren Wahrnehmungen nicht vertraut und die sexuellen Übergriffe verdrängt. Ihre Wut und Enttäuschung, ihr Ärger und ihr Haß richten sich überwiegend gegen die Tochter, nicht gegen den Mann.

Die gesellschaftliche Tabuisierung und auch gesellschaftliche Vorurteile über das Verhalten von Müttern hindern diese, sich um Rat und Unterstützung an Dritte zu wenden. Selbst wenn sie ihre Scham überwinden, gibt es kaum Beratungsstellen, wo Mütter kompetente Beratung erfahren können. Zu Recht befürchten sie, daß sie bei öffentlichen Institutionen mit Vorwürfen konfrontiert werden, über ihren Kopf hinweg Dinge unternommen werden und sie keine Möglichkeit haben, selbst zu entscheiden oder auch nur mitzubestimmen.

In der Regel nehmen Mütter die sexuellen Übergriffe des Mannes an ihrer Tochter erst dann bewußt wahr und beginnen, etwas dagegen zu unternehmen, wenn sie sich zur Trennung vom Täter entschlossen haben und nicht mehr mit ihm zusammenleben. Häufig wird ihnen dann das Beschützen ihrer Töchter von Sozialarbeitern, Polizei und Gericht als Racheakt gegen den Mann ausgelegt. Deshalb ist es wichtig, Mütter in dieser Situation so zu stärken, daß sie die Kompetenz über ihr Leben zurückgewinnen und so ihre Töchter in Zukunft vor sexuellem Mißbrauch bewahren können.

Beratung und Unterstützung für die Mütter

Nur Mütter, die selbstbewußt sind und autonom leben können, sind in der Lage, ihre Töchter vor sexuellem Mißbrauch zu schützen. Mütter, die die Verantwortung für ihr Leben und das ihrer Kinder an ihren Ehemann oder Lebenspartner abgetreten haben, in dem Glauben, an seinem sozialen Ansehen teilzuhaben und an seiner Macht zu partizipieren, spüren, wie hilflos ausgeliefert sie ihm sind, wenn sie sich in dieser Situation gegen ihn stellen. Mütter, die in ihrer Familie sexuellen Mißbrauch durch ihren Ehemann an einer Tochter erleben, haben das Gefühl, nicht mehr selbst entscheiden zu können; die Situation ist ihnen über den Kopf gewachsen. Sich gegen die Tochter, auf die Seite des Täters, zu stellen, läßt sie weiterhin in dem Glauben, mächtig zu sein. Deshalb ist es wichtig, sie in einer Beratung so zu stärken, daß sie wieder die Kontrolle über ihr eigenes Leben zurückgewinnen und entscheidungsfähig werden.

Parteiliche Beratung

Die erste Reaktion einer Mutter auf sexuellen Mißbrauch ihres Mannes an der Tochter wird deutlich beeinflußt von den eigenen Verletzungen und Kränkungen. Ihre Gefühle, hintergangen und betrogen worden zu sein, sind vorherrschend und begleitet von Angst, Scham- und Schuldgefühlen. In dieser Situation brauchen Mütter eine Beraterin, die sie mit all ihren Gefühlen als Frau und als Mutter ernst nimmt. Das heißt: Mütter brauchen eine für sie parteiliche Beraterin, die ihre Empfindungen akzeptiert, ohne sie mit Vorwürfen zu konfrontieren. Eine Verhaltensänderung ist erst dann möglich, wenn die Ratsuchende als ganze Person mit allen Fehlern und Schwächen geschätzt und nicht ausschließlich auf ihre Rolle als Hausfrau, Ehefrau und Mutter reduziert wird. Eine Beraterin, die Vertrauensperson für die Tochter ist, kann nicht gleichzeitig mit der Mutter arbeiten; sie wird immer zugunsten der Tochter intervenieren. Dabei hat die Mutter das Gefühl, alles drehe sich um die Tochter und sie stehe vollkommen allein. Das verstärkt ihre Schuldgefühle und bietet eine schlechte Voraussetzung dafür, die Mutter für den Schutz der Tochter zu gewinnen. Deshalb brauchen Tochter und Mutter jeweils eine eigene Beraterin / Therapeutin. Nur bei kleinen Mädchen (je nach Entwicklungsstand bis ca. 10 Jahre) kann die Beraterin bzw. Therapeutin dieselbe Person sein. Getrennte Beraterinnen für Mutter und Tochter ermöglichen es der Beraterin / Therapeutin, die Klientin als ganze Person mit allen Gefühlen, die sie mit dem Mißbrauch verbindet, ernst zu nehmen; sie sichern, daß Grenzen gewahrt werden, und verhindern, daß Mißtrauen zwischen der Mutter und der Beraterin sowie der Tochter und der Beraterin entsteht. Ein Ziel in der Arbeit mit den Müttern ist u. a. immer, den Mädchen die Mutter zu erhalten und sie darin zu unterstützen, in Zukunft den Schutz der Tochter zu sichern.

Die Ratsuchenden

In den meisten Fällen kommen Mütter erst dann wegen eines sexuellen Mißbrauchs ihres Mannes an einer Tochter in die Beratung, wenn sie sich von ihrem Mann trennen wollen oder bereits getrennt von ihm leben. Aber selbst dann sind Frauen oft noch unsicher, ob es tatsächlich sexueller Mißbrauch ist, was sie bemerken.

Die Erfahrung zeigt, daß Mütter eher in der Lage sind, Mißbrauchshandlungen ihres Mannes wahrzunehmen, wenn sie darin bestärkt werden, daß ihr Gefühl, das Verhalten ihres Mannes sei nicht in Ordnung, stimmt.

Ein Beispiel:

Eine Mutter kommt in die Beratung und äußert den Verdacht, daß ihr Mann bzw. ehemaliger Mann ihre Tochter sexuell mißbraucht. Auf die Frage, wie sie auf diesen Verdacht komme, berichtet die Mutter, daß die dreijährige Tochter sie beim Wickeln gebeten habe, ihr die Scheide zu lecken, so wie der Papa das immer mache. Die Mutter fragt die Beraterin, ob das denn im Rahmen einer Vater-Tochter-Beziehung noch üblich sei. Die Bestätigung der Wahrnehmung der Mutter durch die Beraterin, das gehöre durchaus nicht zu einer Vater-Tochter-Beziehung, ermutigt die Mutter, auch ihre übrigen Verdachtsmomente, die ihr weniger gravierend erscheinen, zu äußern. Auf Nachfragen der Beraterin, ob die Tochter noch mehr erzählt habe oder ob sie noch weitere Anzeichen bemerkt habe, räumt die Mutter dann ein, daß sie schon seit längerer Zeit den Verdacht auf sexuellen Mißbrauch habe und berichtet anschließend noch sehr viele Details, die die Tochter erwähnt hat.

Eine andere Mutter, die seit Jahren von ihrem Mann getrennt lebt, berichtet, ihre sechsjährige Tochter habe beiläufig erwähnt, daß sie beim letzten Besuch des Vaters ihm ein Präservativ übergestreift habe. Weil sie von der Beraterin mit ihrem Anliegen sehr ernst genommen wird, berichtet sie dann weiter, ihre Tochter habe seit zwei bis drei Jahren mehrfach von Verhaltensweisen des Vaters erzählt, die sie im Rahmen einer Vater-Tochter-Beziehung für eher ungewöhnlich hielt, aber ihr Mann sei ein Propagandist der freien Sexualität und da wolle sie nicht hysterisch reagieren. Ihre Tochter habe z. B. häufiger gesagt, daß sie nackt mit dem Vater in seinem Bett schlafe; der Vater sage ihr, sie brauche kein Nachthemd, er würde sie schon wärmen, wenn sie friere. Außerdem habe sie des öfteren mal das Glied des Vaters angefaßt. Die Mutter fand das Verhalten ihres ehemaligen Mannes zwar sehr merkwürdig, dachte sich aber, daß so etwas schon mal vorkommen kann, wenn man nackt zusammen schläft; zudem sei ihr Mann schon immer etwas verrückt gewesen und sie habe es wieder vergessen. Die Grenze ist für sie erst erreicht, als die Tochter erzählt, sie habe dem Vater ein Präservativ übergestreift. Jetzt erst sucht die Mutter die Beratungsstelle auf.

Immer noch hofft sie, die Beraterin werde ihre Bedenken zerstreuen und ihr mitteilen, daß das durchaus im Rahmen einer Sexualaufklärung zwischen Vater und Tochter vorkommen könne. Als die Beraterin das Verhalten des Vaters eindeutig als sexuellen Mißbrauch einordnet, erschrickt die Mutter sehr. Jetzt ist sie zu konkretem Handeln gefordert.

Oftmals brauchen Mütter eine Bestätigung dafür, daß es sexueller Mißbrauch ist, was sie beobachten und/oder was die Tochter ihnen erzählt, denn sie sind meist unsicher, ob diese oder jene
Verhaltensweise schon als sexueller Mißbrauch gilt oder noch im
Rahmen einer freizügigen Sexualerziehung vertretbar ist. Sie
möchten nicht überreagieren, auch nicht als hysterisch gelten.
Ihre Unsicherheit resultiert auch daher, daß sie selbst nicht wahrhaben wollen, daß ihr Mann die eigene Tochter sexuell mißbraucht.

Nachdem der sexuelle Mißbrauch von der Beraterin offen benannt ist, fragen Mütter häufig, was sie jetzt unternehmen sollen.
Sie möchten konkrete Handlungsanweisungen; sie möchten, daß
ihnen wieder jemand die Entscheidung und Verantwortung ab-
nimmt. Hier ist es wichtig, die Kompetenz bei der jeweiligen Mutter zu lassen und sie zu fragen, was sie jetzt unternehmen möchte.
In der Regel antwortet die Frau, daß sie den Mann nicht anzeigen,
ihm weder persönlich noch beruflich schaden will. Das sollte die
Beraterin auch akzeptieren. Die Berufspraxis zeigt, daß sich
Frauen immer noch loyal ihren (ehemaligen) Männern gegenüber
verhalten. Selbst dann, wenn sie selbst sehr viele Demütigungen
durch ihn erfahren haben. Ist die Mutter bereit, ihre Tochter zu
schützen, sollten zusammen mit ihr Handlungsschritte erarbeitet
werden, wie sie den Schutz vor weiteren Übergriffen in Zukunft
gewährleisten kann.

Sexueller Mißbrauch ist ein Delikt, bei dem die psychischen und
physischen Grenzen des betroffenen Mädchens verletzt wurden.
In Familien, in denen sexuelle Übergriffe vorkommen, ist es
durchaus üblich, daß Generationsgrenzen nicht eingehalten und
soziale Rollen vertauscht werden. Zum Beispiel kommt es vor,
daß kleine und jugendliche Mädchen regelmäßig mit dem Vater
im Ehebett schlafen, während die Mutter in einem anderen Zimmer übernachtet. Darüber hinaus werden jugendliche Mädchen
nicht selten vom Vater in die Rolle seiner Vertrauten, Geliebten
und/oder Partnerin gedrängt: nicht seine Ehefrau, sondern seine
Tochter ist seine Begleiterin bei festlichen Anlässen etc.

Ein Rollentausch mit der Mutter findet statt, wenn jugendliche

Mädchen deren Aufgaben und Pflichten übernehmen müssen. Zum Beispiel werden sie angehalten, jeden Tag die jüngeren Geschwister für den Kindergarten und die Schule zu wecken, ihnen das Frühstück zu bereiten und sie dorthin zu begleiten. Sie müssen die Geschwister tagsüber versorgen und werden zur Verantwortung gezogen für alles, was die jüngeren anrichten. Darüber hinaus müssen sie oftmals alle anfallenden Hausarbeiten (Einkaufen, Kochen, Putzen etc.) erledigen. Mit diesen Aufgaben und Pflichten der Eltern (bzw. in der Regel der Mutter) sind jugendliche Mädchen überfordert.

Helferinnen, die mit Müttern und Töchtern arbeiten, sollten darauf achten, daß Generationsgrenzen und soziale Rollen wiederhergestellt und eingehalten werden.

Die Entscheidung, die Tochter zu schützen

Schuldgefühle hemmen Mütter oft, offen über den sexuellen Mißbrauch zu sprechen. Sie fühlen sich nicht selten verantwortlich dafür, daß sexueller Mißbrauch passierte.

Keine Mutter hat Schuld daran, daß ihr Mann die eigene Tochter sexuell mißbraucht. Die Verantwortung für den sexuellen Mißbrauch trägt ausschließlich der Täter. Die Mutter hat jedoch die Aufgabe, ihr Kind vor jedem Mißbrauch zu schützen. Deshalb muß sie sich entscheiden, ob sie ihre Aufgabe als Mutter zukünftig wahrnehmen will.

Dazu ist es wichtig, daß die Mutter alle Gefühle, die sie der Tochter gegenüber hat, zulassen und äußern kann. Die Bearbeitung der Gefühle gegenüber der Tochter ist äußerst wichtig für die weitere Beziehung zwischen Mutter und Tochter. Oftmals glaubt eine Mutter ihrer Tochter, daß der Vater sie sexuell mißbraucht hat. Sie sucht aber nicht selten eine Mitschuld im Verhalten der Tochter. So erzählte eine Mutter, daß sie wütend und aggressiv gegen ihre kleine Tochter werde, wenn diese sich anmutig vor dem Spiegel hin- und herdrehe. Dann kämen ihr ganz schlimme Gedanken wie z. B.: «Du bist ein Flittchen.» «Du bist ein schönes

Früchtchen.» «Kein Wunder, daß der Alte dich angefaßt hat.» Manchmal frage sie sich, mit wem die Tochter alles über den sexuellen Mißbrauch spreche; an manchen Tagen habe sie das Gefühl, die ganze Nachbarschaft wisse Bescheid. Sie fühle sich durch die Tochter stigmatisiert. Wichtig ist, daß Müttern solche Gefühle, die sie ihren Töchtern gegenüber haben, bewußt werden und daß sie sie äußern dürfen. Beraterinnen sollten alle Äußerungen der Mutter akzeptieren, ernst nehmen und darüber sprechen, welche Gefühle sie mit diesen Gedanken verbindet. (In der therapeutischen Arbeit mit Müttern sollten diese Gefühle bearbeitet werden.) Dabei ist es in diesem Zusammenhang notwendig, der Mutter immer wieder behutsam zu verdeutlichen, daß ihre Tochter keine Schuld an den sexuellen Übergriffen hat, egal wie aktiv sie sich verhalten hat. Verantwortlich allein ist der Täter; er hätte die Grenzen setzen müssen. Mädchen jeden Alters haben das Recht, anmutig, schön und anziehend zu sein, ohne deshalb ausgebeutet zu werden. Wichtig ist, der Mutter zu vermitteln, wie sehr die Tochter die Mutter jetzt braucht und daß es für die weitere Entwicklung ihrer Tochter entscheidend ist, daß sie zu ihr steht.

Den sexuellen Mißbrauch als Realität anerkennen

Eine Mutter ist nur dann in der Lage, sich aktiv für die eigene Tochter einzusetzen und sie vor weiteren Übergriffen zu schützen, wenn sie ihrer Tochter glaubt, d. h. den sexuellen Mißbrauch als Realität anerkennt und ihn nicht weiter verharmlost oder gar verdrängt. Dazu ist es notwendig, daß sie das gesamte Ausmaß der sexuellen Übergriffe kennt (Dauer, Häufigkeit und Art der Handlungen). Das ist eine Voraussetzung, um handlungsfähig zu werden und sich konsequent dem (Ehe-)Mann bzw. Täter gegenüber zu verhalten. Aufgabe der Beraterin ist es, die Mutter so zu unterstützen, daß sie die Wahrheit erkennen darf und der Tochter glaubt. Nur so kann sie sich parteilich auf die Seite der Tochter stellen. Für das betroffene Mädchen ist es wichtig, im Beisein der

Beraterin von der Mutter zu hören, daß sie ihr glaubt und daß sie sie in Zukunft schützen wird.

Es kommt häufig vor, daß eine Mutter sich zunächst schützend auf die Seite ihrer Tochter stellt und aus ihrer eigenen Verletztheit heraus sofort eine Trennung vom (Ehe-)Mann bzw. Täter vollzieht. Nach einigen Wochen oder Monaten kommen ihr Zweifel daran, ob diese Entscheidung richtig war. Oftmals hat der Mann wieder zu ihr Kontakt aufgenommen, sich für sein Verhalten entschuldigt und versprochen, daß es nicht wieder vorkommt. Die Mutter hat sich mit ihrem Mann ausgesöhnt. Eine Mutter, die das gesamte Ausmaß des sexuellen Mißbrauchs nicht kennt, ist nach Monaten des Alleinlebens oftmals geneigt, das Geschehene als Bagatelle abzutun und mit dem Täter wieder zusammenzuziehen. Eine Versöhnung mit dem Täter birgt für die Tochter erneut die Gefahr, seinen sexuellen Übergriffen ausgesetzt zu sein.

Auch Mütter, die sofort eine Entscheidung für die Tochter treffen und sich trennen, brauchen immer weitere Beratung und Unterstützung, damit sie zu ihrem Entschluß stehen können. In der Arbeit mit Müttern muß der Schutz der Tochter vor weiteren sexuellen Übergriffen zunächst an erster Stelle stehen.

Klärung der Beziehung zum Täter

Im nächsten Schritt ist zu klären, wie sich die Mutter in Zukunft gegenüber dem Täter verhalten möchte. Es stellt sich die Frage, ob sie weiterhin mit ihm zusammenleben oder sich von ihm trennen will. Mütter sollten wissen, daß sexueller Mißbrauch eine Wiederholungstat ist und daß eine Trennung von ihrem Mann die einzige Möglichkeit ist, ihre Tochter vor weiteren Übergriffen zu schützen. Die einzelnen Handlungsschritte sind zusammen mit der Mutter zu erarbeiten.

Lebt die Mutter von dem Täter getrennt und hat dieser mit der Tochter nur im Rahmen der Besuchsrechtsregelung Kontakt, gilt es, das Besuchsrecht aufzuheben, um den sexuellen Mißbrauch zu stoppen. In mehreren Sitzungen ist die Mutter so zu stärken, daß sie den Vater ihrer Tochter und Täter darüber unterrichtet, daß die Tochter ihr von seinen sexuellen Übergriffen erzählt hat und daß er deshalb seine Tochter nicht mehr sehen kann. Von einem kontrollierten Besuchsrecht (d. h. Besuche in Anwesenheit einer dritten Person, die verhindern soll, daß sexuelle Übergriffe stattfinden) ist abzuraten, weil dies für die Mädchen immer eine ungeklärte Situation darstellt, die sie sehr belastet. Zudem wird damit einer dritten Person (meist einer Oma) eine Rolle zugeschrieben, mit der sie überfordert ist, die sie dennoch schwer ablehnen kann. SozialarbeiterInnen und FamilienhelferInnen denken sich oftmals solche Konstruktionen aus, weil sie keine geklärte Position zum Verhalten des Täters haben, weil in ihren Köpfen spukt, daß Väter ein Recht darauf haben, ihre Kinder zu sehen, und weil auch sie sich dem männlichen Machtanspruch unterordnen. Mädchen müssen jedoch eindeutigen Schutz erfahren und dürfen nicht wieder Situationen ausgesetzt sein, in denen der Täter sie unter Druck setzen oder ihnen drohen kann. Mädchen müssen wissen, daß der Vater etwas getan hat, was er nicht darf, und daß die Aufhebung des Besuchsrechts nur ihrem Schutz dient. Vätern, die ihre Tochter sexuell mißbrauchen, ist sofort das Sorgerecht zu entziehen. Sie haben ihre Vaterschaft verspielt (Rothen 1988).

In den meisten Fällen akzeptiert der Täter diese Regelungen nicht. Er streitet die sexuellen Übergriffe wie selbstverständlich ab, nicht ohne die Mutter als überempfindlich oder hysterisch zu bezeichnen, und droht mit rechtlichen Schritten. Hier tritt meist das ganze Machtgehabe des Mannes wieder in Erscheinung, das die Frau noch aus der Zeit des Zusammenlebens mit ihm kennt, was ihr früher oft große Angst machte und sie einschüchterte. Durch die Gespräche mit der Beraterin gestärkt, erkennt die Mutter sehr bald, daß es dem Täter nicht um das Wohl seiner Tochter geht, sondern vor allem darum, seine Macht zu demonstrieren, indem er mit allen Mitteln kämpft, sein Besuchsrecht durchzusetzen. Da ist es ihm gleichgültig, ob die Tochter durch die Vernehmung bei der Polizei und vor Gericht, durch Glaubwürdigkeitsgutachten und das Gerichtsverfahren zusätzlich sekundär geschädigt wird. Für den Mann stehen seine Interessen im Vordergrund. Die alten Beziehungsschwierigkeiten mit seiner Frau treten wieder hervor.

Da die Mutter, gestützt durch die Beraterin, sich nicht mehr hilflos ausgeliefert und alleine fühlt, kann sie entscheiden, sich für ihre Tochter einzusetzen und den Prozeß durchzustehen. In diesem Stadium erstattet sie oftmals eine Anzeige, weil sie einsieht, daß sie ihre Tochter nur so vor weiteren Übergriffen durch den Vater schützen kann. Bei jedem dieser Schritte braucht die Mutter Unterstützung, z. B. Begleitung zu einer Rechtsanwältin oder zu Ämtern. Der Entschluß, den (Ehe-)Mann bzw. Täter anzuzeigen, sollte immer von der Mutter selbst getroffen werden. Sind Mütter jedoch entschieden, den juristischen Weg zu beschreiten, müssen sie darüber informiert werden, was das für sie und die Tochter bedeutet (vgl. Kap. VI).

Eine Mutter, die mit dem Täter weiterhin zusammenbleiben will, kann ihre Tochter nicht vor weiteren Übergriffen schützen. Die Konsequenz ist, daß das betroffene Mädchen zu ihrem Schutz die Familie verlassen muß. Wie die Entscheidung der Mutter auch ausfällt – für oder gegen die Tochter –, in jedem Fall ist eine weitere Arbeit mit der Mutter angezeigt, um den Schutz der weiteren Kinder, die noch im Haushalt leben, zu gewährleisten. Läßt sich die Mutter auf eine längerfristige Beratung ein, lernt sie wieder, ihren Wahrnehmungen und Gefühlen zu vertrauen. Ein Zusammenleben mit dem Mann, der ihre Tochter sexuell mißbraucht hat, ist ihr deshalb auf Dauer nicht möglich. Der Täter hat durch seine Übergriffe auf die Tochter auch das Vertrauen zu seiner Frau so zerstört, daß die Basis für ein weiteres Zusammenleben fehlt. Das bedeutet, daß eine intensive Arbeit mit den Müttern immer in einer Trennung vom Täter endet. Nur Frauen, die sich gegen den Täter und für die Tochter entscheiden, können sichern, daß in Zukunft sexueller Mißbrauch nicht mehr vorkommt. Für Frauen, die sich ernsthaft für ihre Tochter entscheiden, hat der Trennungsprozeß schon begonnen.

Lernen, autonom zu leben

Autonom zu leben, bedeutet für Frauen, das Leben als eigenes Projekt zu begreifen und sich nicht über Mann und Kinder zu definieren (Scheffler 1986). Frauen, die ihren Beruf aufgegeben haben und ausschließlich für Haushalt und Kindererziehung zuständig sind, haben häufig damit auch ihre Autonomie total geopfert, die Familie ist meist ihr ganzer Lebensinhalt. Sie erhalten ihre gesamte Selbstbestätigung aus ihrer Arbeit in der Familie. Sie können oftmals die eigenen Interessen und Wünsche nicht mehr spüren; diese stehen hinter den Wünschen des Mannes und der Kinder. Hausfrauen und Mütter beziehen ihr Wohlergehen häufig ausschließlich aus dem Wohlbefinden des Mannes und ihrer Kinder. Für diese Frauen bricht durch den sexuellen Mißbrauch ihr gesamtes Lebenskonzept zusammen. Das macht das Wahrnehmen des Mißbrauchs für sie auch so bedrohlich.

Besonders Frauen, die Gewalt durch Männer ausgesetzt waren, haben niemals gelernt, eigenständig zu leben. Ein ganz normales Frauenleben in unserer Gesellschaft zu führen, bedeutet den Männern untergeordnet und von ihnen abhängig zu sein. Frauen, die sexuelle Gewalt ertragen mußten, haben einen ausgeprägten Wunsch nach Normalität, weshalb sie häufig heiraten und eine Familie gründen. Sie möchten «ganz normal» sein und in einer glücklichen Familie leben. Selbstbestimmt zu leben, setzt voraus, sensibel zu sein für die eigene unterdrückte Position. Die eigene Unterdrückung können Frauen jedoch nur wahrnehmen, wenn sie einfühlsam darin unterstützt werden, ihre Gefühle wieder zu spüren.

Frauen sind in Beziehungen für Harmonie und Konfliktbeseitigung zuständig. Eine Entwicklung und Veränderung ist aber nur dann möglich, wenn Konflikte durchlebt und bewältigt werden. Mädchen lernen in der Mißbrauchsituation alle Gefühle abzuspalten, nichts mehr zu spüren, sie wollen nur noch überleben. Als Mädchen hatten sie keine Unterstützung, die Konflikte zu durchleben; sie waren damit vollkommen allein. Deshalb sollten Frauen in einer Therapie so gestützt werden, «daß sie beginnen, Konflikte lebendig zu durchleben und aktiv zu bewältigen» (Scheffler 1986).

In der Arbeit mit Müttern ist es wichtig, sie zu stärken, damit sie ihre Handlungskompetenz wiedererlangen. Deshalb sollten sie bei Handlungsschritten begleitet und unterstützt werden; es dürfen ihnen aber keine Entscheidungen abgenommen werden. So ist es grundsätzlich falsch, Müttern, die bereit sind, die Tochter zu schützen, das Sorgerecht zu entziehen. Das würde zwar den Sozialarbeiterinnen auf dem Jugendamt unter Umständen ihre Arbeit erleichtern. (Sozialarbeiterinnen argumentieren, daß es immer einfacher ist, beiden Eltern sofort das Sorgerecht zu entziehen. So ginge die Mutter dem Konflikt mit ihrem Mann aus dem Weg, warum sie noch das Sorgerecht über die Tochter besitze. Tatsache ist, daß Sozialarbeiterinnen damit einer möglichen Auseinandersetzung mit dem Täter vorbeugen. Hinter diesem Sorgerechtsentzug beider Eltern steht die eigene Angst der Sozialarbeiterin vor einer Auseinandersetzung mit dem Täter.) Für die Mütter bedeutet ein Sorgerechtsentzug aber eine Entmündigung, die ihre Schuldgefühle und ihre Handlungsunfähigkeit nur vergrößert. Nur wenn Beraterinnen/Therapeutinnen den Müttern zutrauen, sich zu verändern und eigenständig und verantwortungsbewußt zu handeln, werden sich die Ratsuchenden auch zunehmend sicher in ihrem Handeln fühlen.

Es gibt auch Mütter, die sich, um die sexuellen Übergriffe ihres Mannes an der Tochter wissend, durch Abwesenheit entziehen und sich so ahnungslos stellen, oder Mütter, die körperliche und sexuelle Gewalt ihres Mannes gegen die Tochter dulden. Diese Mütter sind meiner Erfahrung nach dennoch nicht als Mittäterinnen zu bezeichnen, weil sie nicht aktiv handeln. Sie sind vielmehr den Gewalttätigkeiten ihres Mannes ebenso hilflos ausgeliefert und ihm dermaßen untertan, daß sie keine Möglichkeit sehen, sich gegen ihn zu stellen. Solchen Müttern gehört das Sorgerecht ebenso entzogen, wenn sie sich nicht parteilich auf die Seite ihrer Tochter stellen und sich nicht vom Täter trennen.

Meiner Erfahrung nach sind diese Mütter jedoch, wenn sie Unterstützung erhalten, durchaus in der Lage, sich zu trennen und sich schützend auf die Seite ihrer Tochter zu stellen.

Bearbeitung der eigenen Gewalterfahrungen aus der Kindheit

Eine Mutter, die über Jahre hinweg nicht wahrnimmt, daß ihr Mann die eigene Tochter sexuell mißbraucht, hat sehr häufig selbst als Mädchen sexuelle Gewalt durch Familienmitglieder erfahren. Sie hatte weder Gelegenheit, ihre eigenen verletzten Gefühle zu spüren, noch die Chance, ihre traumatische Kindheit zu verarbeiten, weshalb sie scheinbar gefühllos ihrer Tochter gegenüber reagiert. Sie kann das Leid ihrer Tochter nicht spüren, weil auch sie nicht fühlen durfte, was ihr als Mädchen angetan wurde.

Die Verarbeitung der eigenen sexuellen Gewalterfahrungen aus der Kindheit in einer Psychotherapie ist ein wichtiger Prozeß, zu dem die Mütter ermutigt werden sollten. Jedoch kann eine Therapie in der Regel erst dann beginnen, wenn die momentane Krise der Familie gelöst ist (z. B. eine Entscheidung für oder gegen die Tochter getroffen; der Trennungsprozeß vom Mann abgeschlossen ist). Solange die Mutter sich noch in einer Krise befindet, hat sie keine Energien frei, an den eigenen schmerzhaften Kindheitserfahrungen zu arbeiten (Steinhage 1988b).

IV. Familientherapie – eine Hilfe für Mädchen und deren Mütter?

So neu wie das Sprechen über den sexuellen Mißbrauch für die betroffenen Mädchen und Frauen, so neu ist der Umgang mit dieser Problematik für professionelle HelferInnen. Das Thema löst auch bei sozialen, pädagogischen, psychologischen und medizinischen Fachkräften große Unsicherheit und Angst aus. Bisher gibt es in der Bundesrepublik Deutschland keine Konzepte oder Hilfsprogramme, wie man in Familien vorgehen kann, in denen Väter ihre Töchter sexuell mißbrauchen. Professionelle HelferInnen greifen deshalb gerne auf Konzepte zurück, die sich bei anderen Störungen in Familien bewährt haben. Prinzipien des Deutschen Kinderschutzbundes für die Unterstützung von Familien, in denen Kinder mißhandelt werden, sind: «Offenheit», «Freiwilligkeit», «Hilfe statt Strafe». Diese Grundsätze sind jedoch nicht generell bei intrafamiliärem sexuellem Mißbrauch anwendbar, weil die Problematik des sexuellen Mißbrauchs an Mädchen eine andere ist als die der Kindesmißhandlung (vgl. Kap. I; ebenso Steinhage 1987a, S. 9). Zum Beispiel wird über sexuellen Mißbrauch an Mädchen durch Väter nicht offen gesprochen; das Thema ist stark tabuisiert. Täter suchen freiwillig keine Unterstützung, um den Mißbrauch zu beenden, und unterziehen sich meist nur unter Druck einer Beratung bzw. Therapie. Auch der Grundsatz «Hilfe statt Strafe» kann nur dann angewandt werden, wenn der Täter die Verantwortung für den sexuellen Mißbrauch übernimmt und sich in Therapie begibt.

Auch Familientherapie ist eine Intervention, die sich bei Störungen innerhalb der Familie oftmals bewährt hat und die deshalb auch bei intrafamiliärem sexuellem Mißbrauch angewandt wird. Interventionsschritte bei intrafamiliärem sexuellem Mißbrauch an Mädchen können jedoch nicht, sollen sie erfolgreich sein, familientherapeutisch gelöst werden.

In der systemischen Familientherapie geht man davon aus, daß die Störung nicht im Individuum, sondern im System «Familie» liegt. Der Blick wird vom Individuum weg auf das Familiensystem gelenkt. Kinder werden als Symptomträger erkannt, das Problem im Familiensystem gesucht.

Bei einer Familientherapie geht es nicht darum, Ursachen für die Störungen im einzelnen Individuum zu finden, um sie dann zu behandeln, sondern Ziel einer Familientherapie ist es, die Störungen im System «Familie» zusammen mit allen Familienmitgliedern zu bearbeiten, um die Funktionstüchtigkeit der Familie so schnell wie möglich wiederherzustellen.

Familiensystemische Ansätze gehen davon aus, daß in einer funktionierenden Familie alle Familienmitglieder gleichberechtigt miteinander leben. Damit wird zum einen das Machtgefälle zwischen Eltern und Kindern negiert, zum anderen auch das Ungleichgewicht zwischen den beiden Elternteilen. In den meisten Fällen nehmen die Eltern nicht gleichberechtigt nebeneinander ihre Aufgaben wahr. Gleichberechtigung von Frauen und Männern ist in unserem patriarchalischen Gesellschaftssystem immer noch ein Anspruch und keine Realität. An einer Änderung dieses Status sind am wenigsten die Männer interessiert. Besonders an der Aufgabenteilung in der Familie und der ökonomischen Abhängigkeit von Hausfrauen wird die Benachteiligung von Frauen deutlich. So geht die Familientherapie von einem Gleichheitsansatz aus, der in der Realität nicht existiert. Da es sich bei sexuellem Mißbrauch immer um das Ausnutzen, sprich den Mißbrauch, von Macht und Autorität handelt, kann dieser Ansatz bei Interventionen in der Familie nicht greifen. Dazu einzelne Erläuterungen im folgenden:

FamilientheoretikerInnen betrachten auch den intrafamiliären sexuellen Mißbrauch an Mädchen als Symptom eines dysfunktionalen Familiensystems: die Familie befinde sich in einer vorübergehenden Krise (Frank/Stachiw 1984, Giaretto 1982; Furniss 1986). Als Ursache der Krise sehen sie die gestörte Paarbeziehung der Eltern. Die Mutter sei ihrer Rolle als Hausfrau, Ehefrau und Mutter überdrüssig und delegiere sie an die älteste Tochter, die sie dem Ehemann als Ersatz anbiete. So ist die Intervention der TherapeutInnen meist darauf ausgerichtet, die Paarbeziehung der Eltern wieder zu klären. FamilientherapeutInnen gehen davon aus, daß wenn die sexuelle Beziehung des Paares geklärt ist, auch der sexuelle Mißbrauch aufhört. Das bedeutet, sie betrachten sexuellen Mißbrauch nicht als Gewaltdelikt, sondern ausschließlich als Sexualdelikt.

Sie arbeiten an der sexuellen Beziehung der Eltern und hoffen damit die Familienkrise zu beenden; sie sehen nicht, daß sexueller Mißbrauch für betroffene Mädchen meist eine jahrelange Gewalterfahrung mit schwerwiegenden Folgen für ihre Entwicklung bedeutet, die häufig durch die Teilnahme an einer Familientherapie nicht einmal gestoppt wird. FamilientheoretikerInnen glauben, daß mit Hilfe einer Familientherapie bei sexuellem Mißbrauch eine normale Vater-Tochter-Beziehung wiederherzustellen sei. Ziel der Familientherapie ist deshalb u. a. die Wiederherstellung des Vertrauens zwischen Vater und Tochter. Hinter diesem Versöhnungsgedanken steckt m. E. eine große Ignoranz für die Situation der Mädchen und die unausgesprochene Haltung: sexueller Mißbrauch sei eine Bagatelle, die durch Klärung bald wieder vergessen werden kann. Die Familientherapie betont den Versöhnungsgedanken; sie läßt Wut- und Haßgefühle kaum zu und arbeitet vorwiegend mit Erklärungen: man muß die anderen Familienmitglieder in ihrem Verhalten verstehen. Sexueller Mißbrauch durch Väter an ihren Töchtern kann nicht Ausdruck einer vorübergehenden Krise sein. Die sexuellen Übergriffe gehen durchschnittlich über einen Zeitraum von 4–10 Jahren und sie werden meist nur dadurch gestoppt, daß das Mädchen das Elternhaus verläßt und nicht etwa weil die Krise der Eltern beendet wird oder weil der Täter aus Einsicht sein Verhalten verändert. Daß FamilientherapeutInnen das Ausmaß der jahrelangen Demütigungen und Erniedrigungen und die daraus resultierenden Folgen für das

Leben der Betroffenen nicht erfassen können und wollen, wird in ihren Interventionen deutlich:

FamilientherapeutInnen geben vor, gleichermaßen parteilich für alle Familienmitglieder zu sein. Das ist ein theoretischer Anspruch, den niemand in der Praxis verwirklichen kann. Tatsächlich sind sie primär daran interessiert, die Funktionstüchtigkeit der Familie wiederherzustellen. Ihr Interesse gilt vor allem dem Familiensystem, nicht dem Individuum. Ihr Anspruch allparteilich zu sein, bringt sie in ihrer praktischen Arbeit in große Konflikte und lähmt sie in ihrer Handlungsfähigkeit. Betroffene Mädchen brauchen aber eine parteiliche Beratung und konkrete Unterstützung für sich als Person.

Häufig findet nicht einmal eine Trennung zwischen Vater und Tochter statt, sondern FamilientherapeutInnen gehen davon aus, daß der sexuelle Mißbrauch wohl während der Therapie aufhöre. Mehrere Mädchen und Frauen berichteten mir, daß der Vater sie auch während der Dauer der Therapie weiter sexuell mißbraucht hat. Andere TherapeutInnen glauben, daß die Familie nach einer kurzen Trennung wieder zusammenleben kann (Frank & Stachiw 1984; Giaretto 1982). Nirgendwo in der Literatur habe ich einen Hinweis darauf gefunden, wie die FamilientherapeutInnen sichern, daß sexueller Mißbrauch dann nicht wieder vorkommt. Nach meinen Erfahrungen ist ein Zusammenleben der Familie nach einem sexuellen Mißbrauch nicht möglich. Sexueller Mißbrauch ist eine Wiederholungstat; man kann nicht davon ausgehen, daß ein Täter sein Versprechen hält, wenn er sagt, daß er die Tochter nicht mehr sexuell belästigt. Nur eine Trennung zwischen Vater und Tochter und eine therapeutische Arbeit, die das betroffene Mädchen (und ggf. ihre Mutter) unterstützt, kann weitere Übergriffe verhindern.

Ein familientherapeutisches Setting, in dem alle Familienmitglieder anwesend sind, ist für die Bearbeitung eines sexuellen Mißbrauchs ungeeignet, weil die Anwesenheit des Täters das betroffene Mädchen hindert, sich frei und unzensiert auszusprechen und zusätzlich unmöglich macht, daß sich die Mutter parteilich auf die Seite ihrer Tochter stellt. Viele FamilientherapeutInnen arbeiten in Dyaden, d. h. es finden Gespräche zwischen Mutter – Tochter; Vater – Tochter etc. statt. Auch diese Arbeit in Dyaden ist nur dann sinnvoll, wenn sich die Mutter für die Tochter und gegen den Ehemann/Partner bzw. Täter entschieden hat. Gespräche zwischen Vater und Tochter sind generell abzulehnen. Solche Gespräche sind in den allermeisten Fällen sinnlos, weil die Hoffnungen der betroffenen Mädchen, der Vater würde die Tat zugeben, sich entschuldigen oder die Verantwortung dafür übernehmen, sich nicht erfüllen. Auch Gespräche mit der Mutter sind nicht zu empfehlen. Solange die Mütter weiterhin mit dem Täter zusammenleben, können sie sich nicht auf die Seite ihrer Tochter stellen. Das bedeutet, daß solche Interventionen, auf deren Ergebnis die Mädchen und Frauen häufig nicht einmal vorbereitet sind, sie wieder auf sich selbst zurückwerfen. Auch von einer familientherapeutischen Arbeit mit erwachsenen Frauen (Sitzungen: Mutter–Tochter; Vater–Tochter) ist aus denselben Gründen dringend abzuraten.

Wichtig ist dagegen eine parteiliche Arbeit mit den Mädchen. Die betroffenen Mädchen und Frauen müssen in Einzel- oder Gruppentherapie so unterstützt und gestärkt werden, daß sie ihren Gefühlen und Wahrnehmungen wieder vertrauen und eine Bestätigung des Mißbrauchs sowie eine Entlastung von Schuldgefühlen durch den Täter überflüssig wird. Wenn die Mädchen und Frauen sich stark genug fühlen, können sie sich selbst für oder gegen ein klärendes Gespräch mit den Eltern entscheiden. Dann sind sie auch in der Lage, das Gespräch ohne Beisein der TherapeutIn zu führen.

Besonders die Mädchen und Frauen in der Familie haben das Bedürfnis, sich zu verändern: für sie ist der Leidensdruck am größten. Jedoch ist eine Familientherapie für Mädchen und deren Mütter eher hinderlich in ihrem Prozeß, sich zu verändern und autonom zu werden. In der Regel ist der Täter nicht nur in der Familie bestimmend, sondern auch in der Therapie. Er ist Schrittmacher für das Voranschreiten im Therapieprozeß. Kein Familienmitglied (vor allem nicht die Frauen) darf sich weiter entwickeln als es das Familiengleichgewicht zuläßt, weil sonst die Familie auseinanderbricht. Davor haben auch FamilientherapeutInnen oft enorme Ängste, weshalb sie in ihren Interventionen die Mädchen und deren Mütter in der Entwicklung ihrer Autonomie bremsen. Meiner Erfahrung nach sind FamilientherapeutInnen eher geneigt, sich nach den Wünschen und Bedürfnissen der Familienväter zu richten, damit der Therapieprozeß gesichert ist. Damit ordnen auch sie sich ebenfalls seiner Macht unter.

Auch Mütter brauchen eine parteiliche Beratung, die ihnen hilft sich für ihre Tochter zu entscheiden und die sie darüber hinaus stärkt, aktiv zu leben. Darüber hinaus sollten auch Mütter in einer Einzel- oder Gruppenpsychotherapie so gestützt werden, daß sie befähigt sind, autonom zu leben.

TherapeutInnen argumentieren häufig, daß die betroffenen Mädchen doch mit der Familie weiterhin zusammenleben und auch den Vater nicht verlieren wollen. Mädchen haben natürlich sehr ambivalente Gefühle ihren Vätern gegenüber. Da gibt es den Wunsch nach Liebe und Geborgenheit und gleichzeitig Haßgefühle für das, was ihnen angetan wurde. Sie leben jahrelang mit der Drohung, daß nur ihr Schweigen über die sexuellen Übergriffe den Vater vor dem Knast und sie selbst vor Heimeinweisung bewahrt. Diese Drohung soll nun – nach der Offenlegung – Realität werden. Hinzu kommt, daß gerade kleine Mädchen außer ihren Eltern niemanden haben, dem sie vertrauen. Durch die bewußte Isolation der Familie nach außen, besonders durch mißbrauchende Väter, wird die Abhängigkeit der Mädchen von den Eltern noch gefördert. Deshalb brauchen Mädchen eine parteiliche BeraterIn, der sie voll vertrauen können, die sie in ihren Wahrnehmungen und Gefühlen bestätigt, und die sie unterstützt, autonom zu werden. Diese Vertrauensperson sollte sie z. B. auch nach einer Herausnahme aus der Familie über einen langen Zeitraum begleiten. Mädchen müssen auf eine Herausnahme aus der Familie vorbereitet werden, damit sie diese als Schutz und nicht als Strafe erleben. In Therapie gehen, bedeutet immer, sich verändern und selbständig werden. Das heißt, gerade in einer Einzel- und/oder Gruppenpsychotherapie liegt für Mädchen die Chance, autonom zu werden. Nur durch eine Trennung vom Vater und mit der Möglichkeit der Aufarbeitung der traumatischen Erfahrung in einer Einzel- bzw. Gruppenpsychotherapie hat ein Mädchen Gelegenheit, zur Ruhe zu kommen. Jetzt darf sie sich die realen Gefühle dem Vater gegenüber zugestehen. Familientherapie hingegen bedeutet, weiterhin Verantwortung für die Eltern zu tragen, ihr Verhalten durch Erklärungen zu verstehen und zu entschuldigen. Der Loslösungsprozeß von den Eltern wird dadurch verschleppt.

Im sexuellen Mißbrauch einer Vaterfigur an der Tochter zeigt sich, daß das Familiensystem zerstört ist. Die grundlegendste Basis: das Vertrauen der einzelnen Individuen zueinander, ist nicht mehr vorhanden. Familientherapie bedeutet m. E. deshalb immer, den einzelnen Familienmitgliedern Hoffnungen zu machen, daß die Familie zusammenbleiben kann. Das Familiensystem wird als Ideal über das Wohlergehen der einzelnen Individuen gesetzt. Wichtige Energien einzelner Individuen, vor allem die des betroffenen Mädchens, die diese für sich selbst dringend bräuchten, werden aufgebraucht, um an dem Familiensystem festzuhalten (vgl. Steinhage 1988a).

V. Die Arbeit mit betroffenen Frauen

Beratung betroffener Frauen

Sexuelle Gewaltanwendung in der Familie ist eine Problematik, die in unserer Gesellschaft sehr tabubeladen ist. Das Totschweigen des Themas verhindert jedoch nicht das Vorkommen sexueller Übergriffe an Mädchen, sondern nimmt den betroffenen Mädchen und Frauen die Möglichkeit, darüber zu sprechen und sich Unterstützung von Dritten zu holen. Die Tabuisierung bewirkt außerdem, daß Schädigungen, die als Folgen der sexuellen Gewalt auftreten, übersehen, Andeutungen, die Mädchen machen, überhört werden und ihren Aussagen nicht geglaubt wird. So berichteten mir viele Frauen, daß selbst TherapeutInnen ihnen den sexuellen Mißbrauch durch den Vater nicht glaubten und als Phantasie bezeichneten (Steinhage 1985).

Grundsätze für die Arbeit mit Frauen

Die Grundsätze für die Arbeit mit Mädchen, wie sie in Kap. II aufgestellt wurden:
– Frauen als Beraterinnen;
– Parteilichkeit für die Betroffenen;
– das Geheimnis lüften;
– den Betroffenen glauben;
– die Verantwortung für die sexuellen Übergriffe trägt der Täter;
– die Frauen in ihrer gesamten Person akzeptieren;
gelten auch unverändert für die Beratung betroffener Frauen.

Die Beratungssituation

Die Beratungssituation unterscheidet sich deutlich von einer Therapie: Beratungen sind entweder einmalig oder erstrecken sich über kurze Zeiträume; die Frauen sind manchmal wenig motiviert; Beratung findet oft nur sporadisch, d. h. bei Bedarf der Klientin statt; damit dient sie der unmittelbaren Unterstützung in einer Krisensituation oder bei Entscheidungsprozessen; die Beziehung zur Beraterin ist weniger eng als in einer Therapie. So unterscheidet sich der Umgang mit der Problematik des sexuellen Mißbrauchs in Beratungsstellen deutlich von der Arbeit an der Erfahrung Betroffener in therapeutischen Beziehungen.

Frauen, die sexuell mißbraucht wurden, haben die Hoffnung, bei Dritten Hilfe und Unterstützung zu finden, meist schon aufgegeben. Deshalb sind die primären Beweggründe, aus denen sie eine Beratungsstelle aufsuchen, nur in den seltensten Fällen die sexuellen Übergriffe durch männliche Familienmitglieder. Vielmehr kommen sie z. B. wegen Erziehungsschwierigkeiten mit ihren Kindern, wegen eigener Probleme und Krankheiten oder auf Empfehlung einer dritten Person (z. B. einer ÄrztIn). Betroffene sind in Beratungsstellen nur selten in der Lage, das Erlebte selbst direkt anzusprechen. Allenfalls geben sie Hinweise, machen Andeutungen, testen die Reaktionen der Helferinnen. Sie haben die Verpflichtung zur Geheimhaltung und ihre Aufgabe, die Verantwortung für die Familie zu tragen, so sehr verinnerlicht, daß sie oft auch noch als erwachsene Frauen der ausdrücklichen Erlaubnis bedürfen, das Geheimnis zu lüften. Professionelle sollten deshalb für diese Problematik sensibilisiert sein und die Auswirkungen von sexuellem Mißbrauch kennen, um den Frauen das Sprechen darüber zu erleichtern (Steinhage 1985).

Nur eine klientinnenzentrierte, vertrauensvolle Atmosphäre schafft die Voraussetzung, über den sexuellen Mißbrauch sprechen zu können. Die von Carl Rogers definierten therapeutischen Bedingungen für das Gelingen einer Therapie, nämlich: Empathie, unbedingte Wertschätzung, (Selbst-)Kongruenz, sollten auch die Grundlage für eine Beratung sein (Rogers 1983). Macht die Klientin Andeutungen über einen sexuellen Mißbrauch, sollten Beraterinnen sie ermutigen, darüber zu reden. Für Betroffene ist ein Beratungsgespräch oftmals die erste Möglichkeit, über den sexuellen Mißbrauch zu sprechen. Das bedeutet, daß sie damit zum erstenmal ihre Erfahrungen öffentlich machen.

Meistens fällt es Frauen sehr schwer, ihre Kindheitserfahrungen mitzuteilen. Es ist wichtig, ihnen die Zeit zu lassen, die sie brauchen. Offenheit der Beraterin, vorsichtiges Nachfragen, Unterstützung beim Benennen dessen, was stattgefunden hat, empfinden Betroffene oft als hilfreich und erleichternd. Auf jeden Fall sollten die Grenzen der Klientin respektiert und sie nicht ausgefragt werden. Für die Beratung von Frauen ist es zunächst nicht notwendig, über die sexuellen Handlungen im Detail Bescheid zu wissen. (Anders ist die Situation bei betroffenen Kindern und Jugendlichen, die sich noch in der Mißbrauchsituation befinden. Hier ist es sinnvoll, so viele Details wie möglich zu wissen, um Interventionsschritte planen und den Mißbrauch beenden zu können.)

Nach der Offenlegung des sexuellen Mißbrauchs sind Frauen zunächst erleichtert; manchmal stellen sich sehr schnell Scham- und Schuldgefühle ein und die Angst davor, was die Beraterin mit dieser Information wohl macht. Wichtig ist deshalb die Frage, wie es ihnen damit geht, darüber gesprochen zu haben; das entlastet die Klientin und macht der Beraterin deutlich, wie sich die Klientin nach der Offenlegung fühlt. Zum Ende des ersten Gesprächs ist die Frage zu klären, welche Hilfe und Unterstützung die Betroffene möchte. Verschiedene Hilfsmöglichkeiten sollten zusammen besprochen werden. Auf keinen Fall sollte etwas über ihren Kopf hinweg bestimmt, entschieden oder unternommen werden. In den Fällen, in denen Frauen wegen aktueller Probleme die Beratungsstelle aufsuchen, ist eine Krisenintervention in den meisten Fällen angemessen. Diese kann jedoch nur vorübergehend Erleichterung bringen. Langfristig ist eine Lösung nur zu erreichen, wenn die Betroffene an dem sexuellen Mißbrauch therapeutisch arbeitet.

Nicht alle Fragen und Probleme seitens der Klientin, die mit diesem Thema zusammenhängen, können in einem einzigen Beratungsgespräch besprochen und geklärt werden. Sinnvoll ist deshalb, gleich zwei oder drei Beratungstermine auszumachen. Dabei ist es ratsam, sich auch die Telefonnummer der Klientin zu notieren, um sie gegebenenfalls wieder anrufen zu können.

Anders als bei anderen Problemen besteht durchaus die Gefahr, daß die Klientin zum zweiten Gespräch nicht erscheint, z. B. weil sie sich zu sehr schämt. In diesem Fall ist zu empfehlen, sie anzurufen, um sie behutsam darin zu unterstützen, an dem Thema weiterzuarbeiten.

Möglichkeiten für Frauen, die Schädigungen durch sexuelle Gewalt zu bearbeiten, können sein: Einzeltherapie, Gruppenpsychotherapie und Selbsthilfegruppen.

Einzeltherapie mit Frauen

Seelisches und körperliches Leiden von Frauen ist Ausdruck ihrer konkreten Lebenssituation in dieser patriarchalischen Gesellschaft. Ihre physische, psychische, soziale und ökonomische Abhängigkeit (Unterdrückung) manifestiert sich in körperlichen Leiden. In der Therapie mit Frauen kann es deshalb nicht darum gehen, Störungen zu beseitigen, um wieder besser funktionieren zu können, denn gerade diese «Störungen» stellen Widerstandsformen, Überlebensstrategien und Bewältigungsversuche ihrer damaligen alltäglichen Situation als Mädchen dar. Nur weil sie diese «Störungen» entwickelten, konnten sie den sexuellen Mißbrauch überleben. Therapie bedeutet vielmehr, wachsen, sich entwickeln und verändern. Deshalb sollte in einer Therapie mit Frauen auch die Kollektivität einer persönlichen Leidensform mit einbezogen werden (Scheffler 1986, S. 35). Das ist gerade bei der Problematik des sexuellen Mißbrauchs wichtig, weil Betroffene glauben, die einzigen zu sein, denen das passiert.

Besonders für Frauen, die Gewalt von Männern erfahren haben, ist es wichtig, autonom zu werden. Das setzt voraus, sensibel für die eigene unterdrückte Position zu sein, um selbstbestimmt leben zu lernen. Autonom zu leben bedeutet, das Leben als eigenes Projekt zu begreifen und sich nicht über Mann und Kinder zu definieren (Scheffler 1986, S. 35). Gerade Frauen, die als Mädchen sexuell mißbraucht wurden, müssen erst lernen, eigene Bedürfnisse und Wünsche zu spüren, zu äußern und durchzusetzen. Zudem haben Frauen, die in ihrer Kindheit sexuelle Gewalt erdulden mußten, das Gefühl, nicht normal zu sein, anders zu sein als die anderen, weshalb ihr Wunsch, «eine ganz normale Frau zu sein» besonders groß ist. Ein ganz normales Frauenleben in unserer Gesellschaft bedeutet aber, den Männern untergeordnet und von ihnen abhängig zu sein.

Frauen sind in Beziehungen für Harmonie, Ausgleich und Konfliktvermeidung zuständig. Wachsen, sich entwickeln und verändern ist aber nur möglich, wenn Konflikte bewältigt werden. Frauen sollten deshalb in einer Therapie so gestützt werden, «daß sie beginnen, Konflikte lebendig zu durchleben und aktiv zu bewältigen» (Scheffler 1986, S. 36).

Für die Therapie mit betroffenen Frauen gelten dieselben Grundsätze, die oben für die Beratung aufgestellt wurden. Darüber hinaus sollte in Therapien mit Betroffenen folgendes beachtet werden:

Unterstützendes Begleiten

Frauen, die sexuelle Übergriffe zu ertragen hatten, mußten ihre Gefühle abspalten, um den Mißbrauch überleben zu können (Steinhage 1986, S. 40f). Sie müssen erst wieder lernen, ihre Gefühle zu spüren und ihnen zu vertrauen. Frauen, die als Mädchen sexuelle Gewalt erdulden mußten, durften ihren Wahrnehmungen niemals vertrauen. Das sichere Gefühl «meine Wahrnehmung stimmt», ist jedoch die Basis dafür, diesen Veränderungsprozeß durchzustehen und einen Platz in sich selbst zu finden. Die Anfangsphase einer Therapie sollte deshalb ausschließlich durch unterstützendes Begleiten, Bestätigen ihrer Gefühle, Wahrnehmung und Erinnerung gekennzeichnet sein. Das stärkt das Selbstwertgefühl der Klientinnen, ermutigt sie, weiterzuarbeiten und hilft ihnen, autonom zu werden.

Vertrauen aufbauen

Sexuelle Übergriffe durch den Vater (oder eine andere Person, die in der Familie die Vaterrolle innehat) stellen für Mädchen immer einen großen Vertrauensbruch dar. Der Person, zu der sie als Mädchen die engste Beziehung hatte, konnte sie nicht vertrauen. Die Eltern haben ihr die Sicherheit, im Elternhaus behütet und beschützt zu werden, nicht geben können.

Die Basis, um traumatische Erfahrungen der Kindheit in einer Therapie bearbeiten zu können, bildet das Vertrauen zur Therapeutin. Frauen, die als Mädchen sexuell mißbraucht wurden, fällt es grundsätzlich schwer, anderen Menschen zu vertrauen; ihr Mißtrauen Männern gegenüber ist oftmals besonders stark. Ihre Angst, wieder ausgenutzt und ausgebeutet zu werden, ist riesengroß. Sie haben kein Gespür dafür entwickeln können, welche Menschen vertrauenswürdig sind und welche nicht. Deshalb brauchen diese Frauen sehr viel mehr Zeit als andere Klientinnen, das Beziehungsangebot der Therapeutin anzunehmen und wieder eine vertrauensvolle Beziehung zu entwickeln.

Häufig thematisieren Betroffene zu Beginn der Therapie ihre Schwierigkeiten damit, überhaupt eine Therapie machen zu müssen. In Therapie zu gehen, bedeutet für sie, die Schuld für die Tat zu übernehmen; sie sehen die Therapie zunächst als Strafe. Problematisch ist für sie oftmals auch, Geld dafür bezahlen zu müssen. Die Therapeutin stellt für sie nicht selten die einzige Person dar, der sie vertrauen und der sie so viele intime Dinge über sich erzählen. Es ist für sie die wichtigste zwischenmenschliche Beziehung. Dafür bezahlen zu müssen, weckt Erinnerungen an die Mißbrauchsituation. Sie mußten Objekt (Hure) sein, um Gefühle von Nähe und Zuneigung erfahren zu können; zusätzlich wurden sie dafür häufig materiell belohnt. Hier ist es wichtig, zu klären, daß es in der Therapie ausschließlich um die Bedürfnisse der Klientin geht und die Therapeutin ihre emotionalen Bedürfnisse zurückstellt. Als Gegenleistung für die Unterstützung erhält die Therapeutin Geld und keine weitere Gegenleistung.

Psychische und physische Grenzen wahren

Sexueller Mißbrauch ist ein Delikt, bei dem die psychischen und physischen Grenzen des Mädchens verletzt wurden. Das hat zur Folge, daß Betroffene entweder nur sehr rigide oder kaum Grenzen kennen. So werden auch in Beratung und Therapie Frauen immer wieder versuchen, die Grenzen der Therapeutinnen zu überschreiten. Klare Grenzziehungen seitens der BegleiterInnen ermöglichen es der Klientin, Gefühle zu erleben, ohne Grenzen überschreiten zu müssen und auch zu erfahren, daß eigene Grenzen gewahrt werden. Dazu gehört u. a. auch, daß Therapeutinnen bei physischen Berührungen immer vorher die Zustimmung der Klientin einholen. Therapeutinnen sollten auch beachten, daß Klientinnen oftmals nicht in der Lage sind, Berührungsangebote ihrer Begleiterinnen abzulehnen, wenn sie es auch gerne würden. Für Klientinnen gehört es zur Phase der Vertrauensbildung, die Grenzen der Therapeutinnen zu testen, um festzustellen, ob sie tatsächlich akzeptiert werden. Einige Klientinnen verlangen z. B. zusätzliche Stunden, mit denen sie sich zum Teil selbst überfordern; männliche Therapeuten werden z. B. durch verführerisches Verhalten getestet, um die Mißbrauchsituation wiederherzustellen und um sich zu beweisen: «Männern kann man nicht vertrauen» und «Alle Männer sind Schweine». Deshalb ist es ganz wichtig, daß Professionelle, die mit Klientinnen arbeiten, die sexuelle Gewalt erfahren haben, klare Grenzen setzen und diese auch selbst einhalten können.

Angstgefühle

Frauen, die durch sexuelle Gewalterfahrungen traumatisiert wurden, leben mit vielfältigen Angstgefühlen. Ihr Leben ist voller Angst und sie haben oftmals das Gefühl, daß die Angst mit den Lebensjahren wächst. Die Angstgefühle können sich so stark ausbreiten, daß betroffene Frauen sich nicht mehr trauen, auf die Straße zu gehen; sie fühlen sich in der alltäglichen Lebensbewälti-

gung durch ihre Ängste eingeschränkt. Gerade weil sie ein so großes Ausmaß angenommen haben, daß sie alles zu überdecken
scheinen, ist es wichtig, sich diese Angstgefühle im geschützten
Rahmen der Therapie genau anzuschauen. Es ist wichtig genau zu
betrachten: Wovor besteht Angst? Wie sieht die Angst aus? Wie
fühlt sie sich an? Wo im Körper spürt die Klientin die Angst? Welche Gefühle entstehen beim genauen Hinschauen und Nachspü-
ren? Das exakte Beschreiben der Angstgefühle, das Aufschreiben
oder Malen macht die Angstgefühle überschaubar; grenzt sie ein,
so daß konkreter daran gearbeitet werden kann.

Scham- und Schuldgefühle

Fast alle Frauen, die als Mädchen von Familienangehörigen sexuell mißbraucht wurden, schämen sich dafür, daß ihnen das passiert ist. Sie können sich das Verhalten des Vaters nicht erklären
und suchen in der Regel die Schuld bei sich selbst. So fühlen sie
sich schuldig, vielleicht neugierig gewesen zu sein, nicht gleich
weggelaufen zu sein und es nicht sofort der Mutter erzählt zu haben. Einige fühlen sich schuldig der Mutter gegenüber, weil der
Vater sie der Mutter vorzog oder fühlen sich verantwortlich für
Krankheiten der Mutter. Besonders große Schuldgefühle bereitet
es den Betroffenen, wenn die Handlungen Lustgefühle auslösten.
Nicht zuletzt fühlten sie sich schuldig, wenn die gesamte Familie
unter den Launen des Vaters zu leiden hatte, weil sie sich seinen
sexuellen Forderungen nicht gefügt hatten.

Der erste Schritt, an Schamgefühlen zu arbeiten, ist über die
erfahrene sexuelle Gewalt mit einer vertrauten Person zu sprechen.
Mit dem Aussprechen werden die Erinnerungen real: das Geschehene wird für die Klientin wieder plastisch. Sie kann es nicht mehr
zurücknehmen und als komische Erinnerung, Hirngespinst o. ä.
für sich selbst wegstecken. Dadurch, daß sie zunehmend ihren Gefühlen wieder vertraut, akzeptiert sie auch die Mißbrauchserfahrungen mit allen dazugehörenden Gefühlen: Angst, Trauer,
Schmerz, Schuld und Scham. Sich für etwas schämen und schuldig

fühlen, bedeutet immer auch, sich dafür verantwortlich bzw. mitverantwortlich fühlen. Das Verhalten des Täters im Mißbrauchsgeschehen vermittelt dem Mädchen permanent und ganz subtil das Gefühl, auch mächtig zu sein, z. B. dadurch daß sie seine Geheimnisträgerin ist; dadurch, daß sie seine Vertraute ist und sogar der Mutter emotional vorgezogen wird etc. Da die sexuelle Gewalt in der Regel über Jahre andauert, hat das Mädchen schließlich das Gefühl, auch mitgemacht zu haben bzw. nicht genügend dagegengehandelt zu haben, um die Handlungen zu beenden. Der Glaube daran, selbst schuldig zu sein für das, was passiert ist, gibt Frauen die Illusion, Kontrolle über die Situation gehabt zu haben, nicht hilflos und ohnmächtig gewesen zu sein. An Schuldgefühlen zu arbeiten, bedeutet wieder zu erleben, wie hilflos und verletzlich sie als Mädchen gewesen sind. Das hat aber auch zur Folge, dem Täter die Verantwortung für sein Handeln zurückgeben zu können. Denn tatsächlich verursachte nichts, was die Mädchen taten, die sexuellen Übergriffe. Sie hatten damals keine andere Wahl, als sich so zu verhalten, weil sie nur so den Mißbrauch überleben konnten.

Sexualität

Im Bereich der Sexualität werden Frauen am deutlichsten an den sexuellen Mißbrauch erinnert. Der Zusammenhang zwischen sexuellen Problemen und den sexuellen Übergriffen in der Kindheit läßt sich am wenigsten verleugnen. Die Situationen gleichen sich: wieder ist es eine vertraute männliche Person, mit der sie schmusen, die Sexualität von ihnen fordert. Es ähneln sich Worte und Handlungen, wenn auch die Person, die sie ausführt, eine andere ist. Häufig treten Erinnerungen wie Blitzlichter auf, so daß das Bild des Täters mit dem des Partners verschmilzt. Das nimmt ihnen jede Lust an Sexualität; Ekel und Abscheu sind keine Seltenheit. Manchmal lehnen sie Sexualität überhaupt ab, weil sie glauben, daß sie das nicht brauchen. Sie schlafen zum Teil nur mit ihren Männern, weil diese das wünschen und sie das Gefühl ha-

ben, sich nicht ständig verweigern zu können. So sind viele sexuelle Störungen, wie z. B. Vaginismus, «Frigidität» und auch
ständige Krankheiten im Genitalbereich häufig Folgen sexueller
Gewalterfahrung.

Hier sind Versuche, solche Störungen durch Übung zu überwinden, um sexuell wieder zu funktionieren, wenig hilfreich. Die Betroffenen leiden ganz stark unter diesen Problemen, so daß nach
einiger Zeit des Übens sich Ekel, Abscheu, aber auch ihre Schuldgefühle nur noch vergrößern. Sinnvoll ist es, die Frauen von der
Forderung zu entlasten, Sexualität so (nämlich so, wie es ihnen
Ekel und Abscheu bereitet) leben zu müssen. Das bedeutet, ihnen
Mut zu machen und sie darin zu bestärken, ihre Wünsche und Vorstellungen von Sexualität zu äußern und sie durchzusetzen. Dazu
gehört auch, sie unter Umständen darin zu unterstützen, keine
Sexualität mit Männern mehr zu leben und lesbische Beziehungen
einzugehen.

Elternproblematik

Bei allen Frauen, die sexuelle Übergriffe durch eine Vaterfigur
ertragen mußten, findet sich eine problematische Tochter-Eltern-
Beziehung. Je weniger sich die Betroffene von ihrem Vater ab-
grenzen konnte, um so problematischer ist die Beziehung. Dazu
kommt, daß die Mutter sie nicht beschützt und damit allein gelassen hat. In den Fällen, in denen sich Väter nicht mit körperlicher
Gewalt, sondern mit Belohnung, Bevorzugung der Tochter etc.
sexuelle Handlungen erkauft haben, ist die Verwirrung der Betroffenen vollständig. In der Therapie wird sie durch Bestärkung
ihrer Gefühle schrittweise erleben, daß sie nicht die Lieblingstoch-
ter des Vaters war. Ihr Vater hat seine Macht- und Autoritätsstellung ausgenutzt und sie für seine Interessen sexualisiert und ausgebeutet. Um überleben zu können, mußte sie glauben, daß sie für
seine Liebe die Ausbeutung in Kauf genommen hat. Sie muß feststellen, daß sie niemals wirklich geliebt wurde. Diese Enttäuschung zu erleben und zu erfahren, daß die Mutter sie nicht be-

schützt hat, löst nicht selten eine ernste Krise bei der Betroffenen aus. Die Lösung von den Eltern ist ein unendlich schwieriger Prozeß. Die betroffenen Frauen haben oftmals noch Kontakt zu ihren Eltern. Bei Besuchen wahren sie den Schein, eine intakte Familie gewesen zu sein. Diese Fassade läßt sich im Laufe des Veränderungsprozesses der Klientin durch die Therapie immer weniger aufrechterhalten. Durch die Stärkung ihres Selbstwertgefühls treten Gefühle von Trauer und Schmerz immer mehr in den Hintergrund und Wut und Ärger treten hervor.

Die Konfrontation mit dem Täter und das Schweigen in der Familie zu brechen, ist mit großer Angst verbunden. Klientinnen sollten niemals zur Offenlegung gedrängt werden. Der Wunsch nach Aufdeckung bzw. Konfrontation mit dem Täter sollte von der Klientin selbst kommen; sie sollte nicht für jemanden (z. B. für eine Schwester oder die Mutter) handeln. Der Entschluß dazu muß in ihr gereift sein. Dann ist es wichtig, ihre Gründe für die Offenlegung zu erforschen. Fragen sind z. B.: Was will die Klientin damit erreichen? Warum will sie offenlegen? Das Tabu des sexuellen Mißbrauchs in der Familie zu brechen, kann das ganze Leben verändern. Deshalb sollte dieser Schritt gründlich vorbereitet und nicht leichtfertig angegangen werden. Zur Vorbereitung auf die Konfrontation mit dem Täter sollte in der Therapie die Situation an Hand von Rollenspielen geübt werden, damit die Klientin die mögliche Enttäuschung verarbeiten kann, von Familienmitgliedern wieder abgewiesen, beschuldigt oder ausgestoßen zu werden. In Rollenspielen läßt sich üben: Was will sie sagen? Was will sie erreichen? Die Klientin sollte auf alle möglichen Reaktionen ihrer Familienmitglieder gut vorbereitet sein: auf Ignorieren, Bagatellisieren; Beschuldigen; Abbruch der Beziehung sowie auf aggressive Reaktionen. Sie muß entscheiden, ob sie in ihrem Verarbeitungsprozeß soweit ist, daß sie sich stark genug fühlt, diese Reaktionen zu ertragen. Der Schritt, den Täter zu konfrontieren, steht jedoch nicht zwingend am Ende der Bearbeitung der Elternbeziehung. Klientinnen können auch in einer Therapie die Kartharsis einer Konfrontation erleben (vgl. Rothen 1988).

Auf keinen Fall sollte in einer Einzeltherapie eine «klärende»

Sitzung zwischen Eltern und Tochter (oder einem Elternteil und der Tochter) stattfinden (siehe auch Steinhage 1987b); Einzeltherapien sind parteilich für die Klientinnen und nicht für ihre Familienmitglieder. Wenn die Klientin nach Durcharbeiten des Traumas in der Therapie autonom geworden ist, wird sie befähigt sein, selbst ein Gespräch mit den Eltern zu führen, wenn sie es möchte.

Von einer Familientherapie ist bei der Problematik des sexuellen Mißbrauchs an Mädchen generell abzuraten (vgl. Kap. IV und Steinhage 1988a).

Ärger und Wut

Im Prozeß der Verarbeitung des sexuellen Mißbrauchs treten Gefühle von Ärger und Wut auf den Täter und auf die nicht beschützende Mutter immer deutlicher in den Vordergrund. Für Frauen ist es meist wahnsinnig schwer, Ärger, Wut und Haß auf die Eltern zuzulassen. Diese Gefühle mußten sie von jüngster Kindheit an wegstecken; die leiseste Äußerung von Ärger oder Wut wurde bestraft. Die Angst vor Bestrafung, vor Liebesverlust etc. steht vor der Wut. Es kann hilfreich sein, der Klientin explizit die Erlaubnis zu geben, daß sie Wut und Haß auf Vater und Mutter haben darf. Darüber hinaus ist es ganz wichtig, daß auch die TherapeutInnen mit dem Zorn, Haß und der Wut der Klientin umgehen bzw. diese ertragen können. Klientinnen müssen das sichere Gefühl haben, in der Therapie solche Gefühle äußern zu dürfen und auch damit aufgefangen zu werden. Ihr Zorn auf die Eltern ist oftmals riesengroß; sie befürchten, daß ihre Wut grenzenlos ist, wenn sie einmal angefangen haben, diese Gefühle zuzulassen. Für sie gibt es aufgrund ihrer Erfahrungen keine Grenze zwischen Wut und Gewalt. Sie haben Wut und Ärger im Elternhaus nur als zerstörerisch erfahren. Davon wollen sie sich distanzieren. Gleichzeitig haben sie als Mädchen gespürt, wie sinnlos es war, Wut zu spüren und wie ohnmächtig sie sich dabei gefühlt haben. Wütend zu sein, hatte für sie schlimme Konsequenzen. Nicht zuletzt befürchten Frauen, ihre Wut könne auch die positiven Aspekte einer Beziehung zerstören. Sie haben Angst vor Liebesverlust, wie in ihrer Kindheit. Tatsächlich aber läßt der Ausdruck von Ärger eine Beziehung wachsen, solange er von der Beziehung getragen wird. Hier ist zunächst an der Angst zu arbeiten, die Gefühle von Ärger und Wut blockiert. Frauen können lernen, ihrem Ärger positiven Ausdruck zu geben durch: aussprechen; Briefe schreiben; schreien; in ein Kissen, auf eine Matratze schlagen oder indem sie ihren Ärger visualisieren: sich vorstellen und aussprechen, wie sie den Täter bestrafen, töten etc. Schließlich ist die Fähigkeit, Ärger und Wut zu zeigen, auch ein Prozeß, in dessen Verlauf die Verantwortlichkeit dem Täter zurückgegeben wird.

Verantwortlichkeit für das aktuelle Leben

Wenn Frauen die sexuellen Übergriffe durch den Vater erwähnt haben, ist häufig der größte Druck genommen, der Bann gebrochen, das Geheimnis gelüftet. Danach tendieren sie oftmals dazu, immer wieder andere Probleme als vorrangig in die Sitzungen einzubringen. Auch wenn es den Klientinnen nicht so deutlich ist, führen auch diese Schwierigkeiten, die zum größten Teil Folgen des sexuellen Mißbrauchs sind, zu den sexuellen Gewalterfahrungen zurück. Therapeutinnen sollten die Zusammenhänge immer wieder darlegen.

Ein wichtiges Ziel in der Therapie ist, die Verantwortung für das aktuelle Leben selbst zu tragen und sich nicht mehr als Opfer seiner Kindheitserfahrungen zu sehen. Frauen haben gelernt, Zusammenhänge zu erkennen zwischen ihrem Leiden und dem sexuellen Mißbrauch und können dessen Auswirkungen erkennen. Sie haben die Folgen der traumatischen Erinnerung verarbeitet und sind damit den Symptomen, die damals ihre Überlebensstrategien waren, heute nicht mehr hilflos ausgeliefert.

Frauen, die als Mädchen sexuelle Gewalt ertragen mußten, sind in keiner Weise dafür mitverantwortlich. Sie sind jedoch als Erwachsene für ihr Leben und das ihrer Kinder voll verantwortlich. Das heißt, betroffene Frauen sollten an den traumatischen Erfah-

rungen ihrer Kindheit unbedingt arbeiten, da sie nur so in der
Lage sind, ihre eigenen Töchter vor sexuellem Mißbrauch zu bewahren.

Aufgezeigt wurden einige wichtige Schritte, die in der therapeutischen Arbeit mit Betroffenen beachtet werden sollten. Im übrigen sollte sich die Therapie nach den Folgen richten, die der sexuelle Mißbrauch für die jeweilige Frau hat.

Nicht selten haben Frauen, die sexuellen Mißbrauch in der
Kindheit erdulden mußten, die Erinnerung daran vollkommen
verdrängt. Deshalb ist es wichtig, daß professionelle Helferinnen,
die mit Frauen arbeiten, die möglichen Folgen (Kap. I, «Die Folgen sexueller Gewalt») kennen, um auch körperlichen Reaktionen von Klientinnen, wie z. B. Würgen; Gesten oder Laute des
Erbrechens; sich Krümmen etc., als Hinweis auf einen zurücklie-
genden sexuellen Mißbrauch zu sehen. Solange die Klientin keinen Zugang zu ihren traumatischen Erinnerungen hat, ist es nicht
sinnvoll, ihr die Deutung ihrer Haltung oder ihres Ausdrucks als
eine wahrscheinliche sexuelle Gewalterfahrung mitzuteilen. Die
Klientin bestimmt ihr Tempo selbst. Sie muß Gelegenheit haben,
die schmerzhaften Erinnerungen genau zu erforschen. Das Wissen um die wahrscheinliche sexuelle Gewalterfahrung ermöglicht
es jedoch der Therapeutin, ihr den Zugang dazu zu erleichtern
und so zu verhindern, daß die Erinnerungen weiterhin verdrängt
bleiben. Mit Unterstützung der Therapeutin werden diese traumatischen Erfahrungen dann bewußt, wenn die Klientin stark genug ist, sie zu ertragen.

Zusammenfassend soll noch einmal erwähnt werden: der Umgang in Beratung und Therapie mit Klientinnen, die in ihrer Kindheit von männlichen Familienmitgliedern sexuell mißbraucht wurden, ist für viele Fachkräfte sozialer Berufe neu und erfordert ein
Umdenken. Mythen und Vorurteile über sexuelle Handlungen
von Vätern an ihren Töchtern sollten überdacht und abgebaut
werden. Wichtigste Grundsätze in der Arbeit mit Betroffenen
sind:
– Mädchen und Frauen, die über den sexuellen Mißbrauch durch
  eine Vaterfigur berichten, sind durchaus glaubwürdig.

- Die Arbeit mit betroffenen Mädchen und Frauen erfordert Parteilichkeit für sie.
- Professionelle Helferinnen, die mit betroffenen Mädchen oder Frauen arbeiten, können nicht gleichzeitig parteilich für die anderen Familienmitglieder sein.
- Betroffene Frauen brauchen oftmals dringend Unterstützung, das Geheimnis zu lüften.
- Die Verantwortung für die sexuellen Übergriffe trägt immer der Täter.
- Mädchen haben daran keinen Schuldanteil – egal wie aktiv sie sich verhalten haben.

Gruppenpsychotherapie für Frauen

Besonders für Frauen, die in ihrer Kindheit sexuell mißbraucht wurden, ist die Bearbeitung des Traumas in einer Gruppe betroffener Frauen sehr hilfreich. Eine Gruppenpsychotherapie hat verschiedene Vorteile gegenüber einer Einzeltherapie: Gerade weil die Thematik des sexuellen Mißbrauchs an Mädchen durch Vaterfiguren in unserer Gesellschaft sehr stark tabuisiert ist, stellt die Gruppe für jede Betroffene eine ausgewählte Öffentlichkeit dar und bietet dennoch Sicherheit.

Die Gruppe hebt das Gefühl der Isolation jeder einzelnen Frau auf: mit diesen schlimmen Erfahrungen allein zu sein, die einzige zu sein, der so etwas passiert ist. Deshalb sollte in einer Gruppe von Frauen niemals das Verbot des Kontaktes untereinander außerhalb der Gruppe gefordert werden (wie es häufig in therapeutischen Gruppen üblich ist). Gerade für Betroffene von sexuellem Mißbrauch ist der Kontakt zu anderen Frauen enorm wichtig und stellt den ersten Schritt aus der selbstauferlegten Isolation heraus dar.

In der Gruppe verliert sich schnell das Gefühl des «anders sein» als alle anderen Frauen und «nicht normal zu sein», weil alle Klientinnen von derselben Problematik betroffen sind.

Frauen, die an einer Gruppe teilnehmen, unterscheiden sich in

Alter, Berufsausbildung, beruflicher Stellung und Familiensitua-
tion etc. Das macht den einzelnen Frauen Mut, verschiedene
Wünsche, die sie für sich selbst schon als unerreichbar abgeschrie-
ben haben, jedoch bei den anderen Teilnehmerinnen realisiert sehen, doch noch zu leben.

Verschiedene Gruppenpsychotherapiemodelle aus den USA

Meines Wissens gibt es in Deutschland keine Erfahrungen über
Gruppenpsychotherapien mit Frauen, die als Mädchen sexuell
mißbraucht wurden. Deshalb sollen zunächst Modelle aus den
USA dargestellt werden.

Gruppenpsychotherapien für Frauen, die in ihrer Kindheit sexuelle Gewalt durch enge Familienmitglieder erlebt haben, sind in
der Regel auf 4–12 Wochen begrenzt (Gordy 1983; Herman &
Schatzow 1984; Goodman & Nowak-Scribelli 1985; Tsai & Wagner 1978). Die Treffen finden einmal wöchentlich für 1½ Stunden
statt. In jeder Gruppe, die von zwei Therapeutinnen geleitet wird,
sind 4–7 Teilnehmerinnen (Herman & Schatzow 1984). Andere
AutorInnen vertreten die Ansicht, daß ein Therapeutenteam, be-
stehend aus einem Therapeuten und einer Therapeutin wegen der
Vorbildfunktion des Mannes unbedingt erforderlich ist (Deighton
1985; Goodman & Nowak-Scribelli 1985; Tsai & Wagner 1978).

Die Klientinnen werden in einem Vorgespräch ausgesucht. Folgende Kriterien für die Teilnahme an der Gruppe formulieren
Herman & Schatzow: 1. Die Frauen sollen ausschließlich positive
Gefühle für die Gruppe äußern. 2. Sie sollen im alltäglichen Leben
normal funktionieren, d. h. in stabilen Lebenszusammenhängen
stehen. Drogensüchtige und Alkoholikerinnen werden nicht aufgenommen. 3. Sie sollen sich in einer weiterführenden Einzeltherapie befinden. Vor Beginn der Gruppe nehmen die Gruppenlei-
terinnen Kontakt zu den Therapeutinnen auf; sie wollen zum
einen den Gruppentherapieplan mit ihnen besprechen und zum
anderen beurteilen, ob die begleitende Einzeltherapie der Klien-

tin den Schutz gewährt, den sie zur Bearbeitung des sexuellen Mißbrauchs braucht. Tsai & Wagner schließen Frauen mit schweren Persönlichkeitsstörungen nicht von der Teilnahme aus; sie fordern auch keine begleitende Einzeltherapie, obwohl ihre Gruppentherapie nur 4 Wochen mit jeweils 1½ Stunden umfaßt.

Als Begründung für das Zeitlimit geben Herman & Schatzow (1984) an:

1. Der Druck der Zeitbegrenzung verringert den Widerstand der Frauen, einander emotional wichtige Dinge zu erzählen. Er stärkt das Zusammengehörigkeitsgefühl. 2. Das Arbeiten am Inzest bewirkt Desorganisation. Unter dem Zeitlimit ist der Streß für die Frauen zeitlich überschaubar. Sie haben die Hoffnung, die Vergangenheit bald hinter sich lassen zu können. 3. Der Fokus auf Inzest vermindert interpersonelle Differenzen und Konflikte, die nur vom Gruppeninhalt ablenken. 4. Die Zeitbegrenzung richtet sich nach dem Zeitplan der Leiterinnen; sie entsteht nicht auf Wunsch der Teilnehmerinnen.

Sitzungsinhalte (nach Herman & Schatzow 1984):
1. Sitzung: Einführung und Gruppenregeln
Die Teilnehmerinnen und die Therapeutinnen stellen sich vor. Jede betroffene Frau soll ihre Ziele formulieren, die sie in der Gruppe erreichen möchte (wenn möglich mit Angabe der jeweiligen Sitzung). Frauen werden über die Streßsymptome informiert, die während der Teilnahme auftreten können. Sie werden aufgefordert, Personen zu nennen, die sie in einer Streßsituation unterstützen können. Es ist verpflichtend, keine Sitzung zu versäumen. Kontaktaufnahme zwischen den Teilnehmerinnen außerhalb der Gruppe ist erlaubt.

2.–5. Sitzung: Mitteilung über die persönlichen Ziele, die sie in der Gruppe erreichen wollen. Die Frauen nennen: Sich erinnern wollen; Beziehungen erproben und eingehen; Selbstwertgefühl stärken; das Inzesterlebnis engen Familienmitgliedern mitteilen zu können. Nach der 3.–4. Sitzung schlagen die Therapeutinnen vor, im Detail über den sexuellen Mißbrauch zu berichten.

6.–9. Sitzung: Frauen, die bisher geschwiegen haben, nutzen

die Zeit, um über ihre Erfahrungen zu berichten. Die Frauen sind jetzt in der Lage, die Offenlegung realistisch einzuschätzen; einige schaffen es, das Geheimnis in der Familie zu brechen. Die Angst der ersten Sitzungen wird zu Mut; Verletztheit zu Wut; Hilflosigkeit zu Initiative.

10. Sitzung: Feedback, konzentriert auf drei Punkte:

1. «Was hast du in der Gruppe erreicht und was bleibt noch zu tun?»

2. Feedback für die anderen Teilnehmerinnen und die Therapeutinnen

3. «Nenne drei Personen, die du um Hilfe und Unterstützung bitten kannst.»

Nach 6 Monaten erfolgt ein weiteres Gruppentreffen mit einem nochmaligen Feedback darüber, wie es den Frauen inzwischen ergangen ist und was die Gruppe ihnen gebracht hat.

Das Gruppentherapiemodell von Tsai & Wagner (1978) umfaßt insgesamt vier Wochen à 1½ Stunden und wird von einem Therapeuten und einer Therapeutin angeleitet. Die Autoren halten eine zusätzliche Einzeltherapie für nicht erforderlich. Sie schließen auch Frauen mit schweren Persönlichkeitsstörungen nicht aus.

In der 1. Sitzung stellen sich die Frauen vor; sie werden aufgefordert, den sexuellen Mißbrauch im Detail zu erzählen unter Angabe des Täters, Alter bei Beginn, Häufigkeit und Dauer der Übergriffe.

In der 2. und 3. Sitzung liegt der Fokus auf emotionalen und verhaltensmäßigen Störungen, die durch den sexuellen Mißbrauch verursacht wurden. Es geht um persönliche Beziehungen und Sexualität.

In der 4. Sitzung werden ungelöste Probleme besprochen; darüber diskutiert, wie man eigene Kinder vor sexuellem Mißbrauch bewahrt; Überlegungen zu weiteren Therapieplänen und Alternativen. Meist sind die Frauen motiviert, sich alleine weiterzutreffen. Nach 2–3 Monaten erfolgt eine weitere Abschlußsitzung.

Goodman & Nowak-Scribelli (1985) erlauben keinen Kontakt zwischen den Betroffenen außerhalb der Gruppe. Sie fordern die Betroffenen in ihrer Gruppentherapie auf, den Täter zu konfrontieren, während Tsai & Wagner (1978) explizit davon abraten.

Das Gruppenmodell, das Deighton & McPeek (1985) vorstellen, umfaßt 30 wöchentliche Sitzungen zu jeweils 1½ Stunden. Das Therapeutenteam besteht aus einer Therapeutin und einem Therapeuten. Da Betroffene oft Schwierigkeiten mit Männern haben, sei es für sie wichtig, ihre Gefühle gegenüber kompetenten Männern zu erforschen, argumentieren die AutorInnen. Das Modell verbindet Gruppentherapie mit Familientherapie. Ausgehend von einem Wunsch der Betroffenen, mit der Ursprungsfamilie verbunden zu bleiben und von der Behauptung, daß eine Distanz zur Familie bedeute, sie in der Opferrolle zu belassen, legen die AutorInnen den Schwerpunkt der Therapie darauf, Lösungen mit der Ursprungsfamilie, in der der Inzest vorkam, zu finden. So werden die Betroffenen immer wieder aufgefordert, Kontakt zur Familie wieder aufzunehmen, auch wenn sie sich weigern. Die AutorInnen sehen in dem Bedürfnis der Frauen, Konflikte mit der Ursprungsfamilie zu lösen, den Schlüssel zu einer erfolgreichen Behandlung.

Während der ersten Phase der Therapie werden die Frauen ermutigt, ihre Männer aufzufordern, Kontakt mit dem männlichen Therapeuten aufzunehmen, damit diese Unterstützung während der Therapiephase ihrer Frauen erhalten. Später finden gemeinsame Sitzungen zwischen der Betroffenen und ihrem Partner/ Ehemann statt. Die Beteiligung der Männer am Therapieprozeß verringert ihren Widerstand, ihre Frauen teilnehmen zu lassen.

Kritik an den amerikanischen Gruppenpsychotherapiemodellen

Die oben dargestellten Gruppenpsychotherapiemodelle aus den USA haben für mich eher Beratungscharakter und stellen eine erste Aufforderung an die Betroffenen dar, sich auf die Thematik des sexuellen Mißbrauchs einzulassen. Meine Kritik im einzelnen:

1. Die Zeitbegrenzung weckt bei den Frauen die falsche Hoffnung, die Aufarbeitung des Kindheitstraumas wäre in 4–12 Wochen abgeschlossen und danach würden sie durch die Folgen der

Gewalterfahrung nicht mehr belastet. Nach meinen Erfahrungen richtet sich die Bearbeitung nach dem Tempo der jeweiligen Teilnehmerin und braucht in der Regel mindestens 2–3 Jahre.

2. Das Zeitlimit bedrängt die Frauen, fordert sie und zwingt sie zu schnellen Entscheidungen. Das weckt Erinnerungen an die Mißbrauchsituation, in der die Betroffenen auch nicht selbst entscheiden konnten, sondern bedrängt wurden und Dinge von ihnen gefordert wurden, die nicht ihrem Entwicklungsstand und ihren Wünschen entsprachen.

3. Die Therapeutinnen, in deren Obhut sich die Betroffenen vertrauensvoll geben, sollten in der Lage sein, alle Gefühle, die bei den Frauen in Zusammenhang mit dem sexuellen Mißbrauch auftreten, aufzufangen und die Frauen in dieser Situation nicht in eine Einzeltherapie delegieren. Das ist m. E. verantwortungslos.

4. Den Betroffenen Beziehungen untereinander außerhalb der Gruppe zu verbieten, erscheint mir für die Problematik des sexuellen Mißbrauchs unangemessen, weil die Betroffenen mit der Teilnahme an der Gruppe die Erwartung verknüpfen, Kontakt zu anderen Frauen zu bekommen und Freundschaften aufbauen zu können. In Therapien Verbote und Verhaltensmaßregelungen aufzustellen, erscheint mir ohnehin sehr problematisch. Klientinnen werden dadurch als Erwachsene nicht ernst genommen, sondern wie Kinder behandelt. Frauen, die als Mädchen durch einen sexuellen Mißbrauch traumatisiert wurden, befinden sich auch deshalb in einer Therapie, weil sie unter anderem an den schädigenden Folgen des Verbotes darüber zu sprechen, krank geworden sind. Nun sollen sie in einer Therapie unter anderen Verboten autonom werden. Das halte ich für ausgeschlossen.

5. Meines Erachtens ist es eine totale Überforderung der Klientinnen, von ihnen zu erwarten, daß sie in den ersten vier Sitzungen ausführlich und nacheinander über den sexuellen Mißbrauch sprechen. Zusätzlich müssen sie sich dann in ein und derselben Sitzung mit den Gewalterfahrungen der anderen Teilnehmerinnen auseinandersetzen. Das erscheint mir auch als eine Form von Gewaltanwendung.

6. Die Anleitung der Gruppe durch einen Therapeuten und eine Therapeutin mit der Begründung, die Betroffenen brauchten als Vorbild einen nicht-ausbeuterischen und kompetenten Mann, scheint mir vollkommen unangemessen und drängt die Frauen wieder in die Rolle der «ganz normalen Frau», deren Ziel es ist, zusammen mit einem nicht gewalttätigen Mann zu leben (vgl. auch Kap. II «Frauen als Beraterinnen»). Die Institutionen Ehe und Familie werden damit als vorbildlich und erstrebenswert dargestellt und die erfahrene Gewalt den Frauen unausgesprochen als privates Schicksal angelastet. Die strukturelle Gewalt in dieser Gesellschaft und die generelle Vorherrschaft von Männern über Frauen bleiben unthematisiert.

7. Die Beteiligung der Ehemänner an der Therapie bringt die Betroffenen in die Situation, nicht alleine für sich etwas erreichen zu dürfen, sondern immer auch für ihre Ehemänner und Partner sorgen zu müssen. Das unterstützt m. E. genau das Verhalten, das sie als kleines Mädchen gelernt haben, nämlich für die Bedürfnisse von Männern da zu sein und die eigenen Wünsche immer mit den Interessen des Vaters (heute Partners) abzustimmen oder die eigenen Wünsche hintan zu stellen. Ein sinnvoller Weg scheint mir vielmehr, die Frauen darin zu unterstützen, autonom zu werden, damit sie die Veränderungen aus ihrer Therapie in ihre Ehe / Partnerschaft einbringen und durchsetzen bzw. sich aus einer unter Umständen einengenden Beziehung lösen können.

8. Die Verbindung von Gruppentherapie und Familientherapie für Frauen erscheint mir absurd. Dazu siehe Kap. IV.

Vorschläge für die Durchführung einer Gruppenpsychotherapie mit Frauen

Die Gruppenstruktur
Die Gruppe besteht aus 8–10 Frauen. Der zeitliche Rahmen wird zunächst auf 1 Jahr festgesetzt; eine Verlängerung um ein weiteres halbes bis ganzes Jahr ist üblich. Es finden wöchentliche Sitzungen à 1½ Stunden statt.

Die ersten fünf Sitzungen dienen dem Kennenlernen der Teilnehmerinnen und dem Festsetzen der Ziele, die jede Frau in der
Gruppe erreichen möchte. Nach diesen fünf Sitzungen können die
Betroffenen sich endgültig für die Gruppe entscheiden oder diese
verlassen, weil sie sich nicht stabil genug fühlen oder das Gefühl
haben, nicht zusammen mit den anderen Frauen an den sexuellen
Gewalterfahrungen arbeiten zu können. Danach wird vereinbart,
daß die Gruppe in dieser Zusammensetzung zunächst für ein Jahr
zusammenbleibt; die Gruppe wird für neue Frauen geschlossen.
Das gibt den Teilnehmerinnen ein Gefühl von Sicherheit, das für
die Bearbeitung des Traumas notwendig ist. Jede der Betroffenen
sollte möglichst keine Sitzung versäumen.

Die Auswahl der Teilnehmerinnen
Um eine große Fluktuation in der Gruppe zu vermeiden, ist es
ratsam, die Teilnehmerinnen in einem Erstgespräch vor Beginn
der ersten Sitzung auszuwählen. Folgende Auswahlkriterien haben sich bewährt:
   1. Die Frauen sollten mit der Gruppentherapie positive Gefühle verbinden und sich vorstellen können, mit anderen Betroffenen über ihre Gewalterfahrungen zu sprechen.
   2. Sie sollten einen geregelten Alltag haben; nur Frauen, die
einer (befriedigenden) Beschäftigung nachgehen und/oder in stabilen Lebenszusammenhängen leben, sind in der Lage, den Streß
und die Desorganisation, die die Arbeit an dem Trauma mit sich
bringt, zu bewältigen. Die Arbeit an den traumatischen Erfahrungen macht oftmals soviel Angst, daß Frauen glauben, den Boden
unter den Füßen zu verlieren. Frauen, die in irgendeiner Weise
einen stabilen Lebenszusammenhang haben, können sich besser
auffangen. Frauen, denen diese Bedingung fehlt, sollten besser
eine Einzeltherapie zur Bearbeitung des Traumas wählen. Süch-
tige sollten erst nach dem Entzug aufgenommen werden. Eine
Gruppenzusammensetzung aus Frauen verschiedenen Alters und
unterschiedlicher Berufe hat sich bewährt.

Die Therapeutinnen

Frauen (und nicht Männer) sollten die Gruppe anleiten (vgl. auch Kapitel II, «Frauen als Beraterinnen»). Es kann nicht darum gehen, den Frauen zu vermitteln, daß es auch nicht-gewalttätige Männer gibt, sondern es müssen Lebensbedingungen für Frauen geschaffen werden, in denen sie sich nicht mehr ausbeuten lassen, weil sie ökonomisch und psychisch unabhängig geworden sind (Metz-Göckel, o. J., S. 43). Aufgabe der Therapeutinnen ist es vor allem, die Frauen darin zu unterstützen, alle Gefühle, die sie mit den sexuellen Gewalterfahrungen verbinden, zu äußern und zu bearbeiten. Die Therapeutinnen sollten auf jeden Fall in der Lage sein, die Gefühle, die das Trauma bei den Betroffenen auslöst, auch aufzufangen und dies nicht an eine begleitende Einzeltherapie delegieren.

Der Verlauf der Sitzungen

Die erste Sitzung dient der Vorstellung der Teilnehmerinnen und dem Festsetzen von Grundregeln. Die Betroffenen stellen sich selbst vor und erzählen, weshalb sie an der Gruppe teilnehmen möchten. Jede Sitzung beginnt mit einem Blitzlicht: Wie geht es jeder einzelnen Anwesenden heute? Was möchte sie an diesem Abend machen? Jede Sitzung endet mit einem Feedback: Wie ging es mir heute? Was hat mir gefallen? Was hat mir gefehlt? Eine Liste mit den Adressen und Telefonnummern jeder Teilnehmerin wird erstellt und verteilt, um die Frauen darin zu unterstützen, auch außerhalb der Gruppe miteinander Kontakt aufzunehmen. Zudem werden die Anwesenden aufgefordert, 2–3 Personen außerhalb der Gruppe zu nennen, an die sie sich in Streßsituationen wenden und die sie unterstützen können.

In der zweiten Sitzung werden die Wünsche und Erwartungen, die jede Frau an die Gruppe hat, sowie die Ziele, die sie erreichen möchte, schriftlich festgehalten. Auf diese wird während des Gruppenverlaufs immer wieder Bezug genommen, um zu sehen, welche Wünsche und Ziele erreicht worden sind und welche nicht. Dabei zeigt sich, daß sich die Ziele im Laufe des Gruppenprozesses verändern. Einige Ziele erscheinen den Frauen nicht mehr so

wichtig, andere werden festgesetzt. Die Ziele, die die Betroffenen
am häufigsten nennen, sind:
– über die sexuellen Gewalterfahrungen sprechen lernen, sich
  darüber mit anderen Betroffenen austauschen
– Scham- und Schuldgefühle abbauen
– Kontakte zu anderen Frauen aufbauen
– das eigene Selbstwertgefühl stärken
– den sexuellen Mißbrauch innerhalb der Ursprungsfamilie anzusprechen
– lernen, die Folgen der sexuellen Übergriffe zu erkennen und
  besser damit umgehen zu können.

Alle weiteren Sitzungen haben aktuelle Probleme der Frauen
zum Inhalt, die mit dem Trauma zusammenhängen, d. h. es wird in
Einzelarbeit mit der Betroffenen gearbeitet, die ein Problem ein-
bringt. Möglich ist es auch, themenzentriert zu arbeiten, z. B.:
Wem habe ich als Mädchen von dem Mißbrauch erzählt? Wie haben diese Personen reagiert? Welchen Zusammenhang sehe ich
zwischen meinem heutigen Leben und dem sexuellen Mißbrauch?
(Die Schwerpunkte der Einzeltherapie – Kapitel V «Einzeltherapie mit Frauen» – gelten auch hier.)

Im Verlauf der Gruppentherapie ist es wichtig, jede Frau zu
ermutigen (aber nicht zu bedrängen), die sexuellen Übergriffe
ausführlich zu schildern. Das ist für die Betroffenen ein entschei-
dender Schritt.

Einige Frauen gehen in der Therapie mit großem Tempo voran.
Sie fühlen sich durch die Gruppenmitglieder gestärkt, in ihrer Familie den sexuellen Mißbrauch anzusprechen und unter Umständen auch den Täter damit zu konfrontieren. In diesen Fällen sollte
mit den Betroffenen auch über die Erwartungen gearbeitet werden, die sie mit der Offenlegung verbinden bzw. welche Hoffnungen sie damit verknüpfen, den Täter zu konfrontieren. Nach meinen Erfahrungen schätzen viele Frauen diese Situation falsch
ein. Sie sind euphorisch, endlich über den sexuellen Mißbrauch
sprechen zu können und auf Verständnis zu stoßen. Das übertragen
sie sehr leicht auch auf andere Beziehungen. Sie übersehen dabei
oftmals ihre eigenen Grenzen und vergessen, daß sich für ihre

Familienmitglieder nichts verändert hat: sie werden den Mißbrauch weiterhin leugnen. Auch Konfrontationen mit dem Täter
verlaufen in den meisten Fällen anders, als es sich die Betroffenen
vorstellen. In meiner Praxis habe ich niemals erlebt, daß Täter den
sexuellen Mißbrauch zugegeben haben. Deshalb ist es wichtig, die
Erwartungen der einzelnen Frauen an ihre Familienmitglieder in
der Gruppe zu klären und auch die Offenlegung in der Gruppe
auszuprobieren, um festzustellen, ob sie sich tatsächlich stark ge-
nüg fühlen und eine realistische Einschätzung der Reaktionen ihrer Familienmitglieder haben.

Die Aufarbeitung des sexuellen Mißbrauchs braucht Zeit. Die
Therapeutinnen sollten Frauen immer wieder ermahnen, ihr eigenes Tempo zu finden und sich die Zeit zu nehmen, die sie brauchen. Deshalb erweckt auch eine auf 4–12 Wochen begrenzte
Gruppentherapie die falsche Hoffnung, das Trauma ließe sich in
dieser kurzen Zeit aufarbeiten. Das Zeitlimit setzt die Betroffenen unter Druck, was die Arbeit an sich selbst nur erschwert und
zu Mißerfolgen und Frustrationen führt, wenn sich die Erfolge in
dem festgesetzten Zeitraum nicht einstellen. Zusätzlich wird das
Selbstwertgefühl der Frauen unnötig geschwächt.

Zeit haben, bedeutet auch, sich gehen lassen und entspannen zu
können, was für eine erfolgreiche Arbeit notwendig ist. Frauen,
die sich für eine Gruppentherapie entscheiden, können oftmals
nur schwer überschauen, was auf sie zukommt. Deshalb ist es Aufgabe der Therapeutinnen, die Frauen auf ihre Grenzen hinzuwei-
sen und sie nicht zu überfordern.

Zum Ende der Therapie ist das Feedback vorzubereiten; die
Therapie kann mit der Beantwortung der Fragen wie bei Herman
& Schatzow (1984) (vgl. Kap. V «Verschiedene Gruppenpsychotherapiemodelle aus den USA») oder ähnlicher Fragen beendet
werden.

Anleitung zum Aufbau einer Selbsthilfegruppe für Frauen

In einer Selbsthilfegruppe schließen sich betroffene Frauen zusammen, um gemeinsam an der erfahrenen sexuellen Gewalt zu arbeiten. Selbsthilfegruppen arbeiten ohne therapeutische Anleitung. Der Erfahrungsaustausch ist für alle teilnehmenden Frauen überaus hilfreich und nicht selten der erste Schritt an dem Trauma zu arbeiten. Eine Gesprächsgruppe hat für die Teilnehmerinnen jedoch auch deutliche Grenzen. So erfordert das Wiederdurchleben von Gefühlen eine kompetente Person, bei der sich die betroffenen Frauen sicher aufgehoben fühlen und die ihnen Schutz gibt. Das können betroffene Frauen in der Regel gegenseitig nicht leisten. Damit eine Frauengesprächsgruppe dauerhaft arbeiten kann, erscheint es sinnvoll, bestimmte Regeln aufzustellen und sich daran zu halten. Folgende Regeln, die sich für Frauengesprächsgruppen bewährt haben, sollten als *Hilfe und Anleitung* für Frauen verstanden werden, die mit der Gründung und Durchführung von Selbsthilfegruppen keine Erfahrung haben.

1. Wie finde ich andere Frauen?
a) Durch Chiffre-Anzeigen in Tageszeitungen, z. B.: «Frauen, als Mädchen sexuell mißbraucht, suchen andere Betroffene zum Erfahrungsaustausch (zur Gründung einer Selbsthilfegruppe)» o. ä.
b) Durch Aushänge z. B.: in Arztpraxen; bei Pro Familia; in Frauenzentren; Gesundheitsläden o. ä.

2. Gruppengröße
Die Frauen sollten darauf achten, daß die Gruppengröße überschaubar bleibt. Eine Gruppengröße von mehr als 10 Frauen erschwert das gemeinsame Arbeiten.

3. Wahl des Ortes
Am besten geeignet ist ein neutraler Raum, wo sich die Gruppe ungestört regelmäßig treffen kann, z. B. in einem Raum der Pro

Familia; in einer Arztpraxis o. ä. Ungeeignet sind die privaten
Wohnungen der Teilnehmerinnen.

4. Wahl des Zeitpunktes

Der Zeitpunkt des Gruppentreffens sollte von allen Teilnehmerinnen mitbestimmt und so gewählt werden, daß alle regelmäßig
rechtzeitig dort eintreffen können. Am besten eignet sich dafür
der Abend. Die Treffen sollten einmal wöchentlich stattfinden;
pro Abend maximal 2 Stunden.

5. Die ersten Treffen

Alle Teilnehmerinnen sollten sich reihum kurz vorstellen und be-
gründen, weshalb sie an der Gruppe teilnehmen möchte. Danach
sollten formale Regeln für die Gruppe zusammen festgelegt werden:

– Ort und Zeitpunkt der Treffen;
– Es sollte Konsens sein, daß alle regelmäßig kommen sowie Ein-
  vernehmen darüber hergestellt werden, daß die Inhalte der Sitzungen Dritten gegenüber nicht offenbart werden;
– Frauen, die fehlen, sollten unbedingt absagen, nicht einfach
  fernbleiben. Es hat sich bewährt, während der Sitzungen, nicht
  zu rauchen, nicht zu trinken und auch nicht zu stricken; (weitere
  sinnvolle Gruppenregeln vgl.: Ernst & Goodison 1981; Schwäbisch & Siems 1974).

Zu empfehlen ist, zunächst 3–5 Sitzungen zu vereinbaren, zu
denen alle Teilnehmerinnen kommen. Nach der 3. oder 5. Sitzung
findet ein Feedback statt, in dem jede Frau sagt, wie ihr die
Gruppe gefällt und ob sie in der Gruppe bleiben möchte. Frauen,
deren Erwartungen die Gruppe nicht entspricht, sollten sie verlassen. Danach ist es ratsam die Gruppe für neue Frauen zu schließen. Das ermöglicht größere Vertrauensbildung und intensives
Arbeiten.

Es ist ratsam, in der 1. Sitzung eine Liste mit den Adressen und
Telefonnummern der Teilnehmerinnen anzufertigen, damit sich
die Frauen untereinander anrufen und miteinander Kontakt aufnehmen können.

Darüber hinaus ist sinnvoll, daß sich alle Teilnehmerinnen überlegen, was sie in der Gruppe erreichen möchten (Ziele, Wünsche, Erwartungen an sich selbst und die Gruppe). Diese sollten sie auf einen Zettel notieren und zum Treffen mitbringen, um diese miteinander auszutauschen. Es ist zu empfehlen, die Zettel, auf denen Ziele, Wünsche und Erwartungen festgehalten sind, aufzubewahren. Sie können während des Verlaufs der Gruppe hin und wieder mal angeschaut und überprüft werden: welche Ziele oder Wünsche sind noch offen? Welche Erwartungen haben sich nicht erfüllt? Vielleicht haben sich die Ziele und Wünsche an die Gruppe auch verändert? Wie kommt es dazu?

6. Regeln für jedes Treffen

Jedes Treffen sollte mit einem Blitzlicht beginnen, d. h. jede Frau sagt, wie es ihr heute abend geht und was sie an diesem Abend machen möchte. Jede Sitzung endet mit einem Feedback; d. h. jede Frau sagt, wie ihr der Abend gefallen hat, was ihr gut getan und was ihr gefehlt hat.

7. Einige kritische Punkte im Verlauf einer Gruppe

Wenn eine Teilnehmerin über ihre sexuellen Gewalterfahrungen spricht, sollten die anderen zuhören, ggf. einfühlsam nachfragen, sich bemühen, auf sie einzugehen und sie zu verstehen. Auf keinen Fall sollten die Frauen ihre Kindheitserfahrungen nacheinander in einer Sitzung erzählen. Jede Frau sollte für sich genügend Zeit und Raum haben.

Frauen, die einer Sitzung fernbleiben, ohne sich abzumelden, sollten wieder angerufen werden, um sie zu ermutigen, weiter mitzuarbeiten.

Frauen, die ständig reden, sollten aufgefordert werden, sich etwas zurückzuhalten, um den anderen Frauen, denen es schwer fällt, sich einzubringen, auch Platz einzuräumen.

Wenn die Gruppenarbeit stockt, kann es hilfreich sein, Selbsthilfegruppen zur selben Thematik aus anderen Städten zum Erfahrungsaustausch einzuladen.

8. Hilfen für den Einstieg in das Thema

Der Einstieg in das Thema des sexuellen Mißbrauchs ist oftmals schwierig und macht Angst. Jede Frau sollte den Zeitpunkt selbst bestimmen, an dem sie über die erlittene sexuelle Gewalt sprechen möchte. Da kann es hilfreich sein, bestimmte Themen festzulegen, um darüber einen Zugang zu bekommen. Solche Themen können sein:

– Warum interessiere ich mich zum jetzigen Zeitpunkt für eine Selbsthilfegruppe?

– Welche Auswirkungen hat der sexuelle Mißbrauch in meinem Leben?

– Mit wem habe ich jemals über den sexuellen Mißbrauch gesprochen und wie haben die Personen reagiert?

– Wie sind die Beziehungen zu den anderen Familienmitgliedern?

– Was für eine Beziehung habe ich zu meiner Mutter? etc.

Eine weitere Möglichkeit, in das Thema einzusteigen, ist das gemeinsame Betrachten von Familien-Fotoalben aus der Kindheit; Beschäftigung mit Träumen oder mit Tagebuchaufzeichnungen.

9. Die Grundlage zum Erfahrungsaustausch ist das Vertrauen zu den anderen Gruppenteilnehmerinnen. Deshalb ist es ratsam, sich gelegentlich zu Aktivitäten außerhalb der Gruppenabende zu treffen, um sich besser kennenzulernen.

Weitere Hilfen zur Durchführung von Selbsthilfegruppen geben Ernst & Goodison (1981).

VI. Rechtliche Aspekte des sexuellen Mißbrauchs an Mädchen

Vorurteile über Mädchen, die gegen männliche Familienmitglieder eine Anzeige wegen sexueller Übergriffe erstatten, beeinflussen nach wie vor das Verhalten der Polizei bei der Anzeige und auch der RichterInnen im Gerichtsprozeß. Von Mädchen, die sexuell mißbraucht wurden, erwartet man, daß sie verschüchtert sind, daß sie «wie ein Häufchen Elend» dasitzen, daß es ihnen schwer fällt, zu erzählen oder daß sie nur unter Tränen erzählen können. Entsprechen Mädchen diesem Klischee nicht und stimmt die Vorstellung des «Opfertypus» nicht mit dem Auftreten und Erscheinungsbild des Mädchens überein, wird ihre Glaubwürdigkeit in der Regel in Frage gestellt. Darüber hinaus wird der Wahrheitsgehalt der Aussage eines Mädchens besonders dann angezweifelt,

- wenn Opfer und Täter miteinander verwandt sind (je enger der Verwandtschaftsgrad desto größer die Zweifel an der Glaubwürdigkeit)
- wenn jugendliche Mädchen den Vater bzw. Stiefvater oder eine andere Person, die für sie die Vaterrolle übernommen hat, anzeigen
- wenn der Täter in der jeweiligen Stadt ein angesehener und/oder wohlhabender Bürger ist.

Seit die Frauenbewegung sich für die Verbesserung der Situation von Vergewaltigungsopfern bei der Anzeigenaufgabe und in Gerichtsprozessen einsetzt, hat sich die Vernehmungspraxis der Polizei bei der Anzeigenaufgabe dahingehend verändert, daß Mädchen und Frauen auf ihren Wunsch hin von einer Kriminalbe-

amtin vernommen werden können. An der Art und Weise wie
Mädchen vernommen werden, hat sich jedoch leider kaum etwas
verändert. So ist es gängige Vernehmungspraxis bei der Polizei,
daß Mädchen, die Anzeige gegen ihren Vater oder ein anderes
Familienmitglied wegen sexuellem Mißbrauch erstatten wollen,
direkt vorgeworfen wird, daß sie die Unwahrheit sagen, daß sie
sich an der Person nur rächen wollen etc. Diese Vorgehensweise
halten BeamtInnen für angemessen, um zu prüfen, ob die Mädchen tatsächlich die Wahrheit sagen.

Mädchen, denen der Schritt, eine Anzeige zu erstatten ohnehin
sehr schwer fällt, müssen sich der Lüge bezichtigen lassen, werden
oftmals so lange befragt bis sie unter Weinen gestehen, die Wahrheit zu sagen u. ä.

Je angesehener ein Täter in der Stadt ist, um so schwieriger ist es
für ein betroffenes Mädchen, die polizeiliche Vernehmung und
den Gerichtsprozeß durchzustehen. Sexueller Mißbrauch, von angesehenen und wohlhabenden Männern begangen, gilt immer
noch als «Ausrutscher», einmaliges Fehlverhalten unter Alkohol-
einfluß oder als Kavaliersdelikt.

Auch wenn es generell wünschenswert erscheint, sexuelle
Übergriffe an Mädchen immer anzuzeigen – allein schon um das
große Dunkelfeld etwas mehr zu beleuchten und den Tätern das
sichere Gefühl zu nehmen, daß es sich bei diesen Vergehen um ein
Delikt ohne Opfer handle –, so sollte jede Anzeige dennoch mit
Rücksicht auf das jeweilige Mädchen sorgfältig überlegt und zum
Schutz der Mädchen und zur Verbesserung ihrer Situation vor
Gericht nur mit Hilfe eines Nebenklageverfahrens durchgeführt
werden.

Folgende Paragraphen des Strafgesetzbuches (StGB) stellen sexuelle Übergriffe auf Mädchen und Frauen unter Strafe:

§ 173 StGB Beischlaf zwischen Verwandten
§ 174 StGB Sexueller Mißbrauch von Schutzbefohlenen
§ 176 StGB Sexueller Mißbrauch von Kindern
§ 177 StGB Vergewaltigung
§ 178 StGB Sexuelle Nötigung
§ 179 StGB Sexueller Mißbrauch Widerstandsunfähiger

Wie sinnvoll ist eine Anzeige?

Während Mädchen und Frauen ihr ganzes Leben unter den Folgen des sexuellen Mißbrauchs leiden, leben die Täter unerkannt und unbelastet und sind in der Regel weiterhin von der Umwelt als angesehene Männer geachtet. Täter sind in den meisten Fällen nicht bereit, den sexuellen Mißbrauch zuzugeben, dafür die Verantwortung zu übernehmen und die Konsequenzen zu tragen. So werden Täter in der Regel durch eine Gerichtsverhandlung oder Verurteilung nicht abgeschreckt, weiterhin zu mißbrauchen. Im Gegenteil: Wenn sie in einem Prozeß z. B. aus Mangel an Beweisen freigesprochen wurden, sehen sie darin oftmals einen Beweis dafür, nicht zerstörerisch an der Tochter gehandelt zu haben und einen Freibrief für die Fortsetzung des Mißbrauchs.

Da die strafrechtliche Verfolgung eines Mannes, der Mädchen sexuell mißbraucht, nicht immer zu dem gewünschten Ergebnis, nämlich der Verurteilung des Täters, führt und oftmals auch nicht den Erfolg hat, daß Täter vor weiteren Handlungen zurückschrecken, ist die Erstattung einer Anzeige wegen sexuellem Mißbrauch ein Schritt, der immer gut überlegt und vorbereitet sein sollte. Sekundäre Schädigungen des Mädchens durch die Anzeigenaufgabe und das Gerichtsverfahren sollten vermieden werden.

Sexueller Mißbrauch wird häufig vorschnell und gegen den Willen des Mädchens angezeigt, weil professionelle HelferInnen, die mit Mädchen arbeiten, die rechtliche Lage nicht kennen. Bei sexuellem Mißbrauch und Vergewaltigung besteht keine gesetzliche Melde- und Anzeigepflicht gegenüber der Polizei.

Generell ist eine Anzeige bei der Polizei wegen sexuellem Mißbrauch dann sinnvoll:

1. Wenn eine Anzeige der einzige Weg ist, ein kleines Mädchen vor weiteren Übergriffen zu schützen.

2. Wenn jugendliche Mädchen oder Frauen sich für eine Anzeige gegen den Täter entscheiden, nachdem sie ausreichend über ihre Rechte bei der Anzeigenaufgabe und beim Gerichtsverfahren informiert wurden.

Niemals sollte von Dritten gegen den Willen einer Jugendlichen oder ohne ihr Wissen eine Anzeige erstattet werden. Für Mädchen, die sich nach jahrelangem Schweigen über die sexuellen Übergriffe einer dritten Person anvertrauen, stellt eine Anzeige über ihren Kopf hinweg einen erneuten Vertrauensbruch dar. Jugendliche, die noch in der Familie leben, wenn Dritte ihren Vater anzeigen, werden bei der polizeilichen Vernehmung schweigen oder die Beschuldigung gegen den Täter sofort zurücknehmen. Sie können nicht anders handeln, weil der Druck der gesamten Familie auf das Mädchen so verstärkt wird, daß ihr nichts anderes übrig bleibt, als den Mißbrauch zu leugnen.

Ein Beispiel:

Eine 15jährige hatte wegen Verdachts auf eine Schwangerschaft ihren Gynäkologen aufgesucht. Der Gynäkologe bestätigte die Schwangerschaft, worauf das Mädchen erzählte, daß ihr Vater die Schwangerschaft verursacht hatte. Sie wollte einen Schwangerschaftsabbruch. Der Arzt ließ die Jugendliche nach Indikationsstellung wieder heimgehen, war jedoch sichtlich beunruhigt, und fragte sich, was er tun sollte. Er informierte sich an verschiedenen Stellen, auch um sich abzusichern, und erstattete dann Anzeige bei der Polizei. Das Mädchen leugnete bei der Vernehmung, daß der Vater sie vergewaltigt hatte. Sie habe nur einen Abbruch der Schwangerschaft gewollt und gehört, daß man mit dieser Begründung immer eine Schwangerschaft abbrechen dürfe. Die Polizei war sichtlich erleichtert, daß sich die Aussage des Mädchens nicht bestätigte. Das Jugendamt wurde eingeschaltet. Sozialarbeiterinnen führten Gespräche zusammen mit den Eltern und dem Mädchen. Die Eltern wiesen einen sexuellen Mißbrauch durch den Vater weit von sich, betonten ihre guten Beziehungen untereinander. Die Mutter hatte von der Schwangerschaft nichts gewußt; das Mädchen hatte nur den Vater informiert. Trotz verschiedener Widersprüche in den Aussagen des Vaters, der Mutter und des Mädchens stellte die Staatsanwaltschaft das Verfahren ein.

Trotz verschiedener Widersprüche in den Aussagen einzelner Familienmitglieder wird die Aufdeckung des sexuellen Mißbrauchs nun nicht mehr möglich sein, weil die Chance, mit dem Mädchen allein zu sprechen, sie zu informieren und zu stärken, vertan wurde. Der Mißbrauch wird weitergehen, sobald sich der Täter wieder sicher fühlt.

Der Arzt hätte selbst mit dem Mädchen ausführlich über den sexuellen Mißbrauch sprechen müssen oder sie an eine Beratungsstelle verweisen sollen, wo sie sich vertrauensvoll aussprechen kann. Bei jugendlichen Mädchen sollte die Überlegung, eine Anzeige zu erstatten, immer mit ihnen abgesprochen werden.

Manchmal kann es das Ergebnis einer Beratung sein, daß Mädchen oder Frauen wünschen, daß ihr Vater für sein zerstörerisches Handeln öffentlich zur Verantwortung gezogen wird. Dieser Weg ist nicht einfach. Immerhin müssen sie die polizeiliche Vernehmung und das Gerichtsverfahren durchstehen und öffentlich machen: «Mein Vater hat mich sexuell mißbraucht.» Für einige Mädchen und Frauen ist das dennoch ein Weg, sich aktiv gegen das, was ihnen angetan wurde, zu wehren.

Mädchen, die diesen Weg gehen wollen, müssen gründlich auf die Anzeigenaufgabe und das Gerichtsverfahren vorbereitet werden und sollten immer eine Nebenklage beantragen.

Wünschenswert ist, daß die Polizei, Staatsanwaltschaft und auch das Gericht jedes Mädchen, das Anzeige wegen sexuellem Mißbrauch erstatten möchte, mit der Grundeinstellung «Sie sagt die Wahrheit» befragt. Mit dieser Einstellung werden Fragen anders formuliert; das Mädchen hat nicht ständig das Gefühl «Mir glaubt doch keiner».

Mit dieser wohlwollenden Einstellung gegenüber dem Mädchen als Zeugin läßt sich die Wahrheit ebenso herausfinden.

Die Möglichkeit der Nebenklage

Sexueller Mißbrauch ist ein Delikt, das nebenklagefähig ist. Das bedeutet, betroffene Mädchen, deren Mütter oder betroffene Frauen können neben der Staatsanwaltschaft den Täter anklagen. Dabei ist es sinnvoll, sich eine in der Sache erfahrene Anwältin zu suchen, die das Mädchen vor Gericht vertritt. Die Institution der Nebenklage hat vor allen Dingen im Verlauf des Gerichtsprozesses große Vorteile für das Mädchen. In der Regel ist ein Mädchen, das einen Mann wegen sexuellem Mißbrauch oder Vergewaltigung anzeigt, nur Zeugin. Das heißt: sie hat nur Pflichten, aber keine Rechte vor Gericht. Sie muß der gerichtlichen Vorladung folgen; sie wird zu ihrer Aussage in den Gerichtssaal gebeten und muß den Saal danach wieder verlassen. Sie erfährt auch nicht, ob der Mann verurteilt wurde oder nicht.

Anders bei der Nebenklage: Das Mädchen kann sich mit Einverständnis der Eltern (wenn sie noch nicht 18 Jahre alt ist) eine Rechtsanwältin nehmen bzw. die Eltern suchen eine in der Sache erfahrene Anwältin, die das Mädchen vor Gericht als Nebenklägerin (Nebenklagevertreterin) vertritt. In den Fällen, in denen der Täter der Vater des Mädchens oder ein anderes Familienmitglied ist, verweigern Mütter oftmals die Zustimmung zur Nebenklage. In diesen Fällen kann das Jugendamt die Zustimmung der Mutter durch eine Verfügung des Vormundschaftsgerichtes (Ergänzungspflegschaft) ersetzen lassen. Die elterliche Sorge wird für diesen Teil z. B. durch das Jugendamt ersetzt.

Über die Anwältin kann die Jugendliche erfahren, was der Täter ausgesagt hat; für sie ist es wichtig zu wissen, ob er die Handlungen gesteht oder ob er sie ableugnet. Sie kennt seine Aussage. Das erleichtert ihr die Situation vor Gericht beträchtlich. Mädchen gehen meistens ganz selbstverständlich davon aus, daß sie ihr Recht bekommen und der Täter (Vater) verurteilt wird, weil er sie mißbraucht hat. Auf die Idee, der Täter (Vater) könnte alles abstreiten oder sagen, sie habe ihn animiert oder verführt, kommen die Mädchen in der Regel nicht. Das vor Gericht zu erfahren und zu erleben, daß ihre Aussagen gründlich geprüft und immer wieder in Frage gestellt werden, ist für Mädchen sehr belastend. Sie haben den Eindruck, nicht der Täter, sondern sie selbst seien angeklagt. Mädchen, die darauf nicht vorbereitet sind, sind oftmals einem Zusammenbruch nahe.

Die Rechtsanwältin, die sie vor Gericht vertritt, hat viele Rechte. So kann sie die Aussagesituation des Mädchens vor Gericht ansprechen und häufig verbessern. In der Regel ist es so, daß Mädchen in Anwesenheit des Angeklagten aussagen müssen. Oftmals ist ihr Zeuginnenstuhl so plaziert, daß der Angeklagte dabei Blickkontakt mit ihnen aufnehmen kann. Das erschwert Mädchen die Aussage und verwirrt sie. Hier kann die Nebenklagevertreterin das Gericht bitten, den Zeuginnenstuhl so zu verschieben, daß kein Blickkontakt mit dem Angeklagten möglich ist. Darüber hinaus gibt es u. U. die Möglichkeit, den Angeklagten während der Aussage des Mädchens aus dem Gerichtssaal zu schicken.

Außerdem hat die Rechtsanwältin die Möglichkeit, mit Fragen an den Angeklagten in das Verfahren einzugreifen; sie kann das Gericht bitten, unverschämte Fragen, die der Angeklagte an das Mädchen stellt, zurückzuweisen; sie kann andere Beweisanträge stellen etc.

Am Ende eines jeden Gerichtsverfahrens, im Rahmen der Plädoyers, hat die Nebenklagevertreterin auch das Recht, neben dem Staatsanwalt und dem Verteidiger des Angeklagten, ein Plädoyer zu halten. Für die Situation des Mädchens, ist es wichtig diese Chance zu nutzen. Die Nebenklagevertreterin sollte die Mißbrauchsituation – aus der Sicht des Mädchens – noch mal schildern. Dazu ist es notwendig, dem Gericht aufzuzeigen, welche schädigenden Folgen die sexuellen Übergriffe im Leben des Mädchens haben. Das sollte dem Gericht unbedingt mitgeteilt werden, damit das Gericht die Folgen der sexuellen Gewalt bei der Höhe des Strafmaßes berücksichtigen kann (s. dazu auch Kavemann & Lohstöter 1985, S. 122 f).

Besteht ein verwandtschaftliches Verhältnis zwischen Täter und betroffenem Mädchen läßt sich eine Aussage des Mädchens vor Gericht u. U. dadurch vermeiden, daß das Mädchen richterlich vernommen wurde. Eine richterliche Vernehmung im Ermittlungsverfahren, ist (wenn sie sorgfältig, d. h. ausführlich und genau durchgeführt wurde) die schonendste Möglichkeit, ein Mädchen zu vernehmen. Mädchen, die in einem verwandtschaftlichen Verhältnis zum Täter stehen, haben das Recht, vor Gericht die Aussage zu verweigern. Mädchen, die nach einer Anzeige nicht sofort vom Täter getrennt werden, auch keine zusätzliche Stärkung und Unterstützung erhalten, ziehen oftmals die Anzeige zurück oder verweigern die Aussage vor Gericht. Das bedeutet, daß der Prozeß in der Regel nicht durchgeführt wird, weil die polizeiliche Vernehmung vor Gericht nicht als Aussage gilt. Anders ist es mit der richterlichen Vernehmung im Ermittlungsverfahren: sie kann dem Mädchen die Aussage vor Gericht ersparen. Sie kann auch anstelle einer polizeilichen Vernehmung durchgeführt werden, z. B. um dem Mädchen die zweifache Vernehmung zu ersparen. Eine Anwältin kann das Mädchen auch zur richterlichen Vernehmung begleiten. Leider sind Richter jedoch für diese Vernehmungen nicht ausgebildet, so daß diese oftmals lückenhaft sind und vor Gericht als Aussage nicht gelten können. Ermittlungsrichter sind niemals identisch mit den Straf- bzw. Jugendrichtern im Gerichtsprozeß.

Mädchen oder Frauen, die den Täter anzeigen wollen, sollten die Möglichkeit der Nebenklage unbedingt wählen. Adressen von Anwältinnen, die in der Nebenklage erfahren sind, erhält man in der Regel bei Wildwassergruppen, Frauenhäusern, Notrufen für vergewaltigte Frauen, Frauenzentren oder auch bei Pro Familia.

Die Problematik von Glaubwürdigkeitsgutachten

In der Regel wird vom Gericht, manchmal jedoch schon im Ermittlungsverfahren, also bevor es überhaupt zu dem Prozeß kommt, von der Staatsanwaltschaft die Erstellung eines Glaubwürdigkeitsgutachtens über das Mädchen beantragt. Eine Psychologin wird von einem beauftragten Institut entsandt, das Gutachten zu erstellen. Glaubwürdigkeitsgutachten basieren u. a. auf Tests, die das Mädchen z. B. auf folgende Eigenschaften hin überprüfen: Realistik und Wirklichkeitsnähe, Konstanz, Widerspruchslosigkeit zu anderen feststehenden Tatsachen, konkrete und anschauliche Schilderung des Tathergangs; Stimmigkeit der Darstellung; die Fähigkeit, Einzelheiten zu schildern sowie zeitliche und räumliche Verankerung. Darüber hinaus wird das intellektuelle Niveau, die Qualität der Beobachtungsfähigkeit, das Erkennen von sozialen Gesamtsituationen; das Vorstellungsvermögen und Phantasietätigkeit; die Suggestibilität; Konzentration,

Lügentendenz u. a. getestet. Das Verhalten des Mädchens wird von der Psychologin genau beobachtet, beurteilt und schriftlich festgehalten. Die Tests dauern immer mehrere Stunden; das Mädchen wird 2−3mal in Abständen von 4−6 Wochen durch eine für sie fremde Person befragt.

Ein Glaubwürdigkeitsgutachten ist eine psychologische Untersuchung, die den Wahrheitsgehalt der Aussage des Mädchens überprüfen soll. Von daher stellt die Anforderung eines Glaubwürdigkeitsgutachtens durch das Gericht oder die Staatsanwaltschaft die Glaubwürdigkeit der betroffenen Mädchen grundsätzlich in Frage. Genauso empfinden das auch die Mädchen. Sie haben das Gefühl, daß ihnen von vornherein mit Mißtrauen begegnet wird. Sie haben keine Chance, daß man sie unvoreingenommen anhört. Für Mädchen ist diese Testsituation sehr belastend. Sie befinden sich unter dem Druck, nichts falsch machen zu dürfen; sie wissen, was alles von dem Gutachten abhängt und haben Angst, daß ihr Verhalten gegen sie verwendet wird. Sie wissen aber nicht, wie sie sich richtig verhalten sollen. Gutachterinnen verhalten sich den Mädchen gegenüber meist nicht offen. Sie erklären wenig und teilen das Ergebnis ihrer Tests auch selten mit.

Diese aufwendigen und teuren Gutachten dienen ausschließlich der Feststellung, ob ein Mädchen glaubwürdig ist oder nicht. Daß die gestörte Entwicklung eines Mädchens z. B. Folge des sexuellen Mißbrauchs sein kann, wird dabei wenig oder kaum berücksichtigt.

Vorurteile über die Unzuverlässigkeit von Mädchenaussagen beeinflussen immer noch die Gerichtspraxis, obwohl in Gutachten die Glaubwürdigkeit der Mädchen in der Regel bejaht wird und Untersuchungen zeigen, daß Mädchen durchaus glaubwürdig sind (Canabis 1979/80).

Gerade was die Glaubwürdigkeitsgutachten und die Aussage betroffener Mädchen vor Gericht betrifft, sollten sich die Gerichte dem Fortschritt der Technik anpassen. Es besteht z. B. die Möglichkeit, die polizeiliche Vernehmung auf Video aufzuzeichnen. Diese Aufzeichnung sollte dem Gericht als Aussage des Mädchens genügen. Die Authentizität der Aussage, die das Gericht verlangt,

stellt m. E. eher eine voyeuristische Haltung der Männerjustiz
dar: das in der Regel mit Männern besetzte Gericht möchte sich
selbst ein Bild über das Mädchen machen; sie möchten selbst sehen, wie sie sich verhält, wenn sie über die sexuellen Übergriffe
spricht.

Es ist durchaus üblich, daß das Gerichtsverfahren ½ bis zu 1 Jahr
nach der polizeilichen Vernehmung stattfindet. Zu diesem Zeitpunkt haben die Mädchen viele Einzelheiten des Tathergangs
schon vergessen. Mädchen, die nach der Offenlegung des Mißbrauchs eine Therapie begonnen haben, haben sich in diesem Jahr
sehr verändert. Sie haben an Selbstbewußtsein und Stärke gewon-
nen. Es kann durchaus passieren, daß Mädchen ihr selbstbewußtes Auftreten im Gerichtsprozeß negativ ausgelegt wird. Richter
glauben, daß ein selbstbewußtes Mädchen sich nicht gegen den
Willen mißbrauchen läßt. Hier ist es wichtig, daß die Nebenklagevertreterin dem Gericht diesen Veränderungsprozeß als ein Ergebnis der Therapie erklärt.

Die Problematik gynäkologischer Gutachten

Ist vom sexuellen Mißbrauch eines Mädchens die Rede, atmen
alle in den Fall Involvierten erleichtert auf, wenn «das Schlimmste» nicht passiert ist. Als «das Schlimmste» gilt immer noch die
vaginale Vergewaltigung. Alle anderen erniedrigenden und ver-
letzenden Handlungen werden als weniger traumatisierend einge-
stuft. Das ist auch juristische Praxis. Eine vaginale Vergewaltigung wird mit dem höchsten Strafmaß belegt. Auch wenn für viele
Mädchen orale und anale Vergewaltigungen genauso schlimm
oder demütigender empfunden werden, so gilt die Jungfräulich-
keit gesellschaftlich (vor allem für Männer) als das höchste Gut.

Deshalb wird als der sicherste Beweis für die Richtigkeit der
Angaben eines Mädchens meistens eine gynäkologische Untersuchung angeordnet, mit dem Ziel, feststellen zu lassen, ob das Hymen des Mädchens noch intakt ist. Dazu werden Mädchen oftmals
gegen ihre Zustimmung und ohne sie in einem Gespräch vorher

darüber zu informieren, zu einer Untersuchung zu einem Gynäkologen gebracht, den sie in der Regel nicht einmal kennen. Hier wird die Untersuchung oftmals gegen den körperlichen Widerstand des Mädchens unter Festhalten durch Sprechstundenhilfen durchgeführt. Eine solche Untersuchung ist vergleichbar mit einer Vergewaltigung.

Zeigt das Ergebnis der Untersuchung, daß das Hymen noch intakt ist, wird daraus häufig der falsche Schluß gezogen, daß kein sexueller Mißbrauch stattgefunden habe. Gynäkologische Untersuchungen sollten nur mit Einverständnis oder auf Wunsch des Mädchens von einer Gynäkologin durchgeführt werden. Dem Mädchen sollte vermittelt werden, daß die Untersuchung zu ihrem eigenen Wohlbefinden stattfindet. Mädchen, die eine Untersuchung dennoch ablehnen, sollten auf keinen Fall dazu gezwungen werden. Mädchen empfinden eine Untersuchung, die ihren gesamten Körper einbezieht und sich nicht nur auf die Genitalien beschränkt, am wenigsten verletzend. Bei einer Ganzkörperuntersuchung lassen sich u. U. auch Begleitverletzungen feststellen, die Hinweise auf eine Mißhandlung geben können. Für viele Mädchen ist es zusätzlich traumatisierend, sich von einem Arzt untersuchen zu lassen, besonders dann, wenn sein Blick nur den Genitalien des Mädchens gilt. Mädchen wird damit vermittelt, daß das einzig wichtige an ihrem Körper die Genitalien sind. Grundsätzlich erbringen gynäkologische Untersuchungen im Falle eines sexuellen Mißbrauchs, deren Ziel die Sammlung objektivierbarer Beweise für den sexuellen Mißbrauch sind, nicht das gewünschte Ergebnis. Nur eine Vergewaltigung, durch die ein Hymenriß erfolgte, läßt sich durch eine ärztliche Untersuchung nachweisen. Alle weiteren sexuellen Mißbrauchshandlungen hinterlassen in der Regel keine körperlichen Verletzungen, die ausschließlich auf einen sexuellen Mißbrauch hindeuten. Für Rötungen an der Scheide, Fissuren am After, Striemen und Hämatome im Genitalbereich etc. lassen sich immer andere Ursachen anführen, so daß damit der sexuelle Mißbrauch nicht bewiesen werden kann.

Vielmehr sollte bei sexuellem Mißbrauch an Mädchen das Gespräch mit dem Mädchen im Vordergrund stehen, aus dem sich in der Regel ein sexueller Mißbrauch eindeutig und sicher erkennen läßt. Außerdem sollte psychischen Folgen sexueller Gewalt eine größere Beachtung geschenkt werden als z. B. dem Hymenriß durch eine Vergewaltigung.

Türkische Mädchen wünschen sich oftmals selbst eine gynäkologische Untersuchung, die den Beweis eines intakten Hymen erbringt. Der Wunsch dieser Mädchen ist aus kulturellen Gründen verständlich. Auch in diesen Fällen sollte die Untersuchung als Ganzkörperuntersuchung stattfinden (vgl. auch Vogt 1988, S. 49–55).

Herausnahme aus der Familie

Die Herausnahme eines Mädchens aus der Familie ist oftmals notwendig, weil dies die einzige Möglichkeit ist, den Schutz vor weiteren sexuellen Übergriffen zu sichern. Leider gibt es in der BRD – im Gegensatz z. B. zu Großbritannien und den USA – nicht die Möglichkeit, den Täter aus der Familie zu entfernen, um dem Mädchen die übrige Familie zu erhalten. Eine Fremdunterbringung sollte mit dem Mädchen immer gründlich besprochen werden. Mädchen sollten wissen, daß dieser Schritt zu ihrem Schutz und nicht zur Bestrafung geschieht.

Als Grund für die Herausnahme sollte immer die tatsächliche Ursache, nämlich der sexuelle Mißbrauch durch den Vater, benannt werden, und nicht die Folge davon z. B. die Verhaltensauffälligkeiten des Mädchens. Werden Verhaltensauffälligkeiten als Herausnahmegrund angegeben und der zugrundeliegende sexuelle Mißbrauch verschwiegen, so empfinden Mädchen das als direkte Schuldzuweisung. Darüber hinaus ist es schwierig, dem Mädchen adäquate Unterstützung zu geben, wenn die weiteren Betreuungspersonen die Ursache der Herausnahme nicht kennen.

Möchte eine Jugendliche, die vom Vater sexuell mißbraucht wird, die Familie verlassen, ohne Anzeige gegen den Vater zu erstatten, so gibt es die Möglichkeit der freiwilligen Erziehungshilfe (FEH). Das bedeutet, Eltern können aus einer schwierigen Erziehungssituation heraus einer Fremdunterbringung ihrer Tochter zustimmen, ohne den wahren Grund zu nennen. Die Eltern behalten weiterhin das Sorgerecht und können auf diese Weise jederzeit ihre Zustimmung wieder zurückziehen. Ist der sexuelle Mißbrauch nicht in der Akte festgehalten, so haben Jugendämter zunächst auch keine Möglichkeit, zum Schutz des Mädchens eine Zurücknahme der Zustimmung der Eltern zu verhindern. Das bedeutet dann, daß die Mädchen wieder zurück in die Familie müssen.

Vätern, die eine Tochter sexuell mißbraucht haben, sollte grundsätzlich das Sorgerecht entzogen werden. Sie haben die Chance, Vater zu sein, für immer vertan. Da sexueller Mißbrauch eine Wiederholungstat ist, sollte ihnen das Sorgerecht auch nach abgebüßter Strafe – zum Schutz des Mädchens – nicht wieder zugesprochen werden.

Fremdunterbringung für eine Jugendliche bedeutet in der Regel: Heimeinweisung. Von anderen existierenden Möglichkeiten z. B. Mädchen in Mädchenwohngruppen unterzubringen oder sie alleine mit Einzelbetreuung wohnen zu lassen, wird erst dann Gebrauch gemacht, wenn Mädchen mehrfach aus einem Heim weggelaufen sind, so daß sie als schwer einzugliedern gelten. Das bedeutet, daß Mädchen nicht selten auch im Auftrage des Jugendschutzes und aus finanziellen Gründen stigmatisiert werden.

Mädchen, die sexuell mißbraucht wurden, brauchen viel Kraft, um die aus den sexuellen Übergriffen resultierenden psychischen Verletzungen zu verarbeiten. Haben sie es geschafft, die sexuellen Übergriffe zu beenden, so werden ihnen durch eine erschwerte Lebenssituation zusätzliche Hindernisse in den Weg gelegt.

VII. Weitere Aspekte des sexuellen Mißbrauchs

Exkurs: Sexueller Mißbrauch an Jungen

Es gibt in Deutschland m. W. keine Untersuchungen über die Problematik des sexuellen Mißbrauchs an Jungen. Das Wissen darüber stammt entweder aus amerikanischen oder englischen Studien oder es sind Schätzungen von Fachleuten, die mit Jungen arbeiten. Seitdem die Öffentlichkeit für die Problematik des sexuellen Mißbrauchs an Mädchen Anfang der 80er Jahre durch die Frauenbewegung sensibilisiert wurde, werden zunehmend Stimmen laut, die auch das Ausmaß des sexuellen Mißbrauchs an Jungen höher einschätzen als bisher vermutet.

Aus amerikanischen Untersuchungen stammen folgende Zahlen: Finkelhor (1979) befragte 795 College-StudentInnen. In dieser Gruppe waren $\frac{1}{11}$ aller befragten Männer und $\frac{1}{5}$ aller befragten Frauen sexuell mißbraucht worden.

De Jong (1983) berichtet von 81,8 % betroffener Mädchen gegenüber 18,2 % betroffener Jungen, die ein Zentrum für Kinder, die mißbraucht wurden, aufgesucht hatten. Pierce & Pierce (1985) erwähnen, daß 12,5 % der betroffenen Kinder (von 304), die in einem Zentrum für sexuellen Mißbrauch bekannt wurden, Jungen waren. Nielson (1983) schätzt den Anteil betroffener Jungen auf 25–35 %.

Baker und Duncan (1985) erfaßten in Großbritannien durch eine repräsentative Stichprobe 2019 Männer und Frauen. 12 % der Frauen und 8 % der Männer gaben an, vor dem 16. Lebensjahr sexuell mißbraucht worden zu sein. Furniss (1986) schätzt die Zahl der betroffenen Jungen, die ihm in seiner Arbeit bekannt wurden, auf 18 %.

Soweit Zahlen über den Anteil betroffener Jungen aus empirischen Untersuchungen. Schätzungen von Fachleuten, Jungen und Mädchen seien gleichermaßen von sexuellem Mißbrauch betroffen, halte ich nach den Erfahrungen aus meiner Arbeit für unzutreffend. Ich vermute, daß sich hinter Schätzungen, Jungen und Mädchen seien gleichermaßen betroffen, das politische Interesse verbirgt, die geschlechtsspezifische Ursache des sexuellen Mißbrauchs zu verleugnen.

Im folgenden sollen die Unterschiede in der Betroffenheit von Mädchen und Jungen verdeutlicht werden. Damit soll keineswegs der sexuelle Mißbrauch an Jungen verharmlost oder heruntergespielt werden. Auch Jungen können durch sexuelle Übergriffe traumatisiert werden und Schädigungen für ihr weiteres Leben davontragen. Vielmehr soll die geschlechtsspezifische Bedingtheit des sexuellen Mißbrauchs herausgestellt und die daraus resultierenden unterschiedlichen Konsequenzen für die Mädchen und Jungen aufgezeigt werden.

Täter bei sexuellem Mißbrauch an Jungen sind Männer. Der Prozentsatz der Frauen, die sich sexuell an Jungen vergehen, liegt bei unter einem Prozent. Frauen mißbrauchen Kinder meist nur in Tateinheit mit einem Mann. Sexueller Mißbrauch an Jungen geschieht in der Regel nicht durch Männer, die die Vaterrolle für den jeweiligen Jungen innehaben, sondern durch andere männliche Verwandte, gute Bekannte der Familie bzw. des Jungen oder Fremdtäter. Es werden immer mal Fälle bekannt, in denen die Täter Nachbarn, Domchorleiter, Pfarrer, Lehrer, Jugendgruppenleiter, Trainer des Fußballvereins, Heimerzieher etc. sind. Das bedeutet: Jungen werden im sozialen Nahfeld sexuell mißbraucht. Ist tatsächlich einmal der Vater des Jungen der Täter, sind auch die Mädchen in der Familie betroffen. Das bestätigen alle obengenannten Untersuchungen.

Wenn Jungen mehrheitlich außerhalb der Familie sexuellen Mißbrauch ertragen müssen, so hat das für die Jungen andere Konsequenzen als für Mädchen.

Ein Junge, der sexuelle Übergriffe erdulden mußte, erhält in der Regel sowohl emotionale Unterstützung durch seine Familie als auch Verständnis für seine Situation in der Öffentlichkeit. Weil der Täter kein Familienmitglied ist, hat ein Junge eher die Möglichkeit, Situationen zu meiden, in denen die Übergriffe wieder auftreten können; die Beziehung zum Täter kann in der Regel jederzeit abgebrochen werden. Dadurch liegt der Schritt nahe, eine Anzeige gegen den Täter zu erstatten. Selten sind in einem solchen Fall andere Familienmitglieder involviert. Die Familie des Jungen ist durch das, was ihm angetan wurde, nicht in ihrer Existenz bedroht. Es stellt sich weder die Frage nach einer Heimunterbringung des Jungen noch die nach der Zerstörung der Familie. Der sexuelle Mißbrauch eines Jungen durch einen außerfamiliären Täter stellt niemals den Zusammenhalt des gesamten Familiensystems in Frage. Es passiert eher das Gegenteil: die Familie schließt sich um den Jungen gegen den Täter zusammen. Damit wird der Junge eher aufgehoben und umsorgt, das Mädchen ausgestoßen.

Für Jungen ist die Situation des Mißbrauchs oftmals nicht angsterregend. Für sie ist das männliche Geschlechtsteil nichts Fremdes. Jungen sind es gewohnt, einander den Penis zu zeigen und mit seiner Größe, Länge und mit ihrer Potenz zu prahlen.

Aus all dem folgt, daß die Folgen von sexuellem Mißbrauch bei Jungen andere sind als bei Mädchen (was nicht heißen soll, daß sie weniger schlimm sind).

Jungen lernen schon sehr früh, daß männlich sein bedeutet, überlegen zu sein, über Schwächere zu dominieren und diese zu besiegen. Deshalb haben sie Schwierigkeiten damit, sich als Opfer zu fühlen, wenn ihnen sexuelle Übergriffe widerfahren. Zudem gelten in unserer Gesellschaft homosexuelle Handlungen als pervers und werden sozial geächtet. Das macht es auch Jungen oftmals schwer, sich jemandem anzuvertrauen. Sexuell mißbraucht und vergewaltigt werden Mädchen – nicht Jungen. Erfahrene sexuelle Übergriffe mitzuteilen, heißt für sie, die Opferrolle annehmen. Dagegen wehren sie sich. Sie möchten nicht schwach und verfügbar sein wie Mädchen, weshalb sie es oftmals vorziehen, über das, was ihnen angetan wurde, zu schweigen. Sie identifizieren sich deshalb eher mit dem Täter. Sie möchten ihre Männlichkeit beweisen, was bedeutet: vermeintlich Schwächere zu unterwerfen. Jungen wenden die erfahrene sexuelle Gewalt weniger gegen sich, sondern in der Regel nach außen. Sie werden selbst zum Täter, indem sie kleinere Jungen oder Mädchen demütigen und mißbrauchen. Sexueller Mißbrauch dient immer dazu, dem Unterlegenen die eigene Macht und Stärke zu demonstrieren und durch die Unterwerfung beides wieder neu zu sichern.

In der Arbeit mit Betroffenen von sexuellem Mißbrauch sollten deshalb die Machtstrukturen in unserer Gesellschaft und die daraus resultierenden Geschlechtsrollenunterschiede berücksichtigt werden, damit der sexuelle Mißbrauch nicht länger individuelles Problem eines jeden Mädchens bleibt. Hier ist es wichtig, daß Männer mit Jungen und Männern arbeiten. Gerade für kleine Jungen ist es wichtig, männliche Vorbilder zu erleben, die ein anderes Rollenverständnis leben. Männer, die die bestehenden Machtstrukturen in dieser Gesellschaft verändern wollen, sind hier gefordert, bei ihren Geschlechtsgenossen anzufangen.

Exkurs: Was geschieht mit den Tätern?

Bei Fortbildungen, die ich mit sozialen und anderen Fachkräften häufig durchführe, ist die Tatsache, daß die Täter «ganz normale» Männer sind, für die TeilnehmerInnen oftmals nicht faßbar. Immer wieder werde ich nach Untersuchungen gefragt, die einen bestimmten Tätertypus oder bestimmte Motive des Täters darlegen. Besonders männlichen Teilnehmern bereitet es große Schwierigkeiten, die Tatsache zu akzeptieren, daß die Täter keiner bestimmten Schicht angehören und daß es keinen bestimmten Tätertypus gibt. Das erschwert ihnen die Distanzierung vom Täter.

Täter sind Männer, die in der Regel zusätzlich zu sexuellen Beziehungen mit Frauen Mädchen sexuell mißbrauchen (Groth 1982). Wie an anderer Stelle schon ausführlich dargestellt, befriedigt der sexuelle Mißbrauch das Bedürfnis des Täters nach Macht, Dominanz und Überlegenheit. Das Mittel seiner Machtbefriedigung sind sexuelle Handlungen an Mädchen, die von ihm abhängig sind (Groth 1982). Stehen ihm keine Mädchen zur Verfügung, so wählt er als Objekt Jungen. Das Mädchen ist für ihn kein Partnerersatz, da die Partnerin ihm in den meisten Fällen ebenso sexuell zur Verfügung steht. Vielmehr stellt die Tochter für ihn ein weiteres Objekt dar, über das er sexuell nach Belieben verfügen kann. Täter sichern sich damit den unbegrenzten Zugriff auf eine weibliche Person. Männer wählen sexuelle Handlungen als Mittel ihrer Machtbefriedigung, weil es zur männlichen Geschlechtsrollensozialisation gehört, daß der potente Mann am männlichsten ist. Sie beweisen sich so mit jedem sexuellen Mißbrauch ihre Männlichkeit.

Täter haben in der Regel keine Einsicht in ihr schädigendes Verhalten; sie glauben auch nicht, daß sie Unrecht getan haben. Im Gegenteil: viele Väter sind davon überzeugt, daß es ihr Recht ist, so zu handeln (Snowdon 1982). Nicht selten geben Männer auf die Frage, warum sie den sexuellen Mißbrauch begangen haben, die Antwort: «Das ist meine Tochter, damit kann ich machen, was ich will.» Sie betrachten neben ihren Ehefrauen auch ihre Töchter als ihren Besitz, über den sie jederzeit verfügen können. Täter stellen den sexuellen Mißbrauch fast immer konsequent in Abrede und sind auch keineswegs bereit, die Konsequenzen für ihr Verhalten zu tragen.

Frauen, ermutigt durch ihre Therapie, suchen oftmals 10–20 Jahre nach Beendigung der sexuellen Übergriffe durch den Vater ein Gespräch mit ihm. Sie möchten, daß er die Übergriffe zugibt und sie von ihrem Gefühl, mitschuldig daran gewesen zu sein, entlastet. Selbst so viele Jahre nach dem sexuellen Mißbrauch sind Väter nicht bereit, die Handlungen zuzugeben und die Verantwortung dafür zu tragen. Die Frauen müssen in der Regel die Erfahrung machen, daß ihre Väter die Übergriffe weiterhin leugnen und die Tochter als krank und behandlungsbedürftig hinstellen. «Du warst schon immer unser schwierigstes Kind, von klein an», ist ein üblicher Satz solcher Väter.

Täter sehen die Notwendigkeit einer Therapie, die eine Verhaltensänderung bewirken soll, nicht ein. Warum sollten sie auch ihr Verhalten ändern? Die Erfahrung lehrt, daß Männer, die sexuell mißbrauchen, in den seltensten Fällen dafür zur Verantwortung gezogen werden. Der sexuelle Mißbrauch an der eigenen Tochter ist ein Delikt, das am wenigsten der Öffentlichkeit bekannt wird. Das wissen Männer.

Vätern, die ihre Tochter sexuell mißbraucht haben, sollte immer das Sorgerecht entzogen werden. Sie haben ihre Vaterschaft verspielt (Rothen 1988).

Aus Erfahrungen im Umgang mit der Problematik des sexuellen Mißbrauchs in Großbritannien und in den USA zeigt sich, daß therapeutische Arbeit von Tätern nur dann gewählt wird, wenn sie die Alternative zur Gefängnisstrafe darstellt. Unter diesem Vorzeichen eine Therapie durchzuführen, ist sicherlich nicht unproblematisch. Tatsache ist, daß Männer, die sexuell mißbrauchen, meist ohne jede Konsequenz weiterleben können, so als wäre nichts geschehen. In der Regel suchen sie sich nach einer Trennung eine neue Frau mit halbwüchsiger Tochter, um ihr Handeln fortzusetzen.

Für die Arbeit mit Tätern sind Männer gefordert, die ihre eigene Geschlechtsrolle überdacht haben und die den Machtanspruch ihrer Geschlechtsgenossen in Frage stellen. Die Erfahrung zeigt jedoch, daß Therapeuten es vorziehen, mit den weiblichen Opfern sexueller Gewalt zu arbeiten, nicht zuletzt deshalb, weil sie als positives Männervorbild – sie glauben jedenfalls, daß sie das sind – sehr viel Selbstbestätigung bekommen. Therapeuten distanzieren sich lieber von Männern, die sexuelle Gewalt ausüben. Es macht ihnen Angst, sich mit den eigenen unausgesprochenen Wünschen, «dem kleinen Täter in sich selbst», auseinandersetzen zu müssen. Eine therapeutische Arbeit mit Tätern würde das zwangsläufig mit sich bringen.

VIII. Anhang

Berufsgruppen professioneller HelferInnen, die mit sexuell mißbrauchten Mädchen und Frauen arbeiten

Sexueller Mißbrauch an Mädchen ist eine Problematik, die immer das Agieren mehrerer HelferInnen in einer Familie erfordert. So erfordert allein das Arbeiten mit Mutter und Tochter zwei Beraterinnen bzw. Therapeutinnen.

Weil die Arbeit in Familien, in denen sexueller Mißbrauch stattfindet, schwierig ist, die Vorgehensweise der in den jeweiligen Fall Involvierten gut geplant und abgesprochen sein muß – und nicht zuletzt auch, weil der Umgang damit neu ist, haben sich in vielen Städten der BRD inzwischen Frauenberufsgruppen zur Thematik des sexuellen Mißbrauchs an Mädchen gegründet. Die Berufsgruppe ist ein regelmäßiges Treffen von Frauen aus unterschiedlichen Berufsbereichen (Sozialarbeiterinnen, Psychologinnen, Pädagoginnen, Lehrerinnen, Ärztinnen, Rechtsanwältinnen, Richterinnen etc.), die mit Mädchen und Frauen arbeiten und deshalb mit sehr großer Wahrscheinlichkeit immer auch mit der Problematik des sexuellen Mißbrauchs konfrontiert werden. Eine Berufsgruppe zum sexuellen Mißbrauch an Mädchen hat folgende Aufgaben und Ziele:

Sie dient dazu, sich zusammen mit Kolleginnen Fachwissen zum sexuellen Mißbrauch anzueignen und sich kompetent zu machen; Informationen zur Problematik zu sammeln und mit Berufskolleginnen auszutauschen; sicherer im Umgang mit Mädchen und Frauen zu werden durch Supervision für das eigene Verhalten; sie ermöglicht alte Verhaltensweisen durch Diskussion mit Kolleginnen zu überdenken, in Frage zu stellen und zu verändern.

Eine solche Arbeitsgruppe bietet die Möglichkeit der Fallbesprechung, um den betroffenen Mädchen adäquate Beratung und Unterstützung zu geben. Darüber hinaus dient sie dem Erfahrungsaustausch untereinander, bietet die Möglichkeit, sich mit eigenen Ängsten, Befürchtungen und Unsicherheiten auseinanderzusetzen; sie ist eine Art Fortbildung über den sexuellen Mißbrauch an Mädchen. Sie dient der Herstellung von Kontakten zu Frauen aus verschiedensten Disziplinen, die zum Erfahrungsaustausch und zur Kooperation in der Arbeit mit Mädchen und deren Familien dringend notwendig sind. Frauen lernen so andere Fachfrauen kennen, die für die Problematik des sexuellen Mißbrauchs an Mädchen sensibilisiert sind und die sie im Bedarfsfall immer auch direkt ansprechen können. Das erleichtert die Arbeit und Zusammenarbeit an diesem schwierigen Thema ungemein. Neben der Fallsupervision können folgende Fragen Themen der Arbeitsgruppe sein: Wie gehe ich vor, wenn ich (als Lehrerin; Erzieherin etc.) einen Verdacht auf sexuellen Mißbrauch habe? Wie spreche ich mit einem Mädchen? Was ist im Falle einer Anzeige zu beachten? etc.

Berufsgruppen sind oftmals nur für Frauen offen, weil Mädchen und Frauen in besonderem Maße von sexuellem Mißbrauch betroffen sind. Nach amerikanischen Schätzungen hat jede 4. Frau als Mädchen sexuelle Gewalt erfahren. Es zeigt die Erfahrung, daß Frauen in der Auseinandersetzung mit der Problematik des sexuellen Mißbrauchs an Mädchen auch immer wieder mit sich selbst, d. h. mit der eigenen emotionalen Betroffenheit konfrontiert werden. Deshalb ist es wichtig, sich die eigene emotionale Beteiligung, die persönlichen sexuellen Gewalterfahrungen, eigene Ängste und Befürchtungen bewußt zu machen und zu klären. Das bedeutet auch, daß einige Frauen feststellen werden, daß sie aus eigener Betroffenheit heraus zunächst nicht in der Lage sind, Mädchen und Frauen beratend zu unterstützen. Die eigene Betroffenheit ist immer auch – wenn auch nur andeutungsweise – Bestandteil der Supervision. Es fällt Frauen jedoch leichter, die eigenen traumatischen Erfahrungen im Kreis von Frauen anzusprechen (vgl. Kavemann & Lohstöter 1985).

Berufsgruppentreffen finden in der Regel einmal im Monat

statt. Frauen, die an diesen Treffen teilnehmen möchten, sollten mit ihrem Arbeitgeber absprechen, daß dieser Nachmittag als Arbeitszeit gilt.

Männer, die mit Jungen und Tätern arbeiten, sollten sich ebenfalls – zur Erleichterung ihrer Arbeit – Berufsgruppen organisieren.

Adressen / Anlaufstellen

Wildwasser Berlin
Beratungsstelle
Mehringdamm 50
1000 Berlin 61
Tel.: 030/7865017

Schattenriß e. V.
Bremerhavenerstr. 90
2800 Bremen 1
Tel.: 0421/393930

Wildwasser Darmstadt
Berufsgruppe/Selbsthilfegruppe
c/o Edelgard Nöcker
über Frauenhaus Darmstadt
6100 Darmstadt
Tel.: 06151/376814

FEM – Feministische
Mädchenarbeit e. V.
Mädchenhaus
Hinter den Ulmen 19
6000 Frankfurt/M. 50
Tel.: 069/519171

BIFF
Reichsgrafenstr. 4
7800 Freiburg
0761/77478

Dolle Derns e. V.
Verein zur Förderung
feministischer Mädchenarbeit
Beratung sexuell mißbrauchter
Mädchen
Juliusstr. 16
2000 Hamburg
Tel.: 040/4394150

Hamburger Mädchenhaus
Schutz vor Gewalt
Tel.: 040/63200265

Zündfunke e. V.
Verein zur Prävention von
sexuellem Mißbrauch
an Kindern und Frauen
Feldstr. 29
2000 Hamburg 6
Tel.: 040/436464

Wildwasser Karlsruhe
Berufsgruppe/Selbsthilfegruppe
c/o Anke Drechsel
Frauenalberstr. 51
7500 Karlsruhe
Tel.: 0721/886102

Schwarze Winkel
über Frauenhaus Kassel
3500 Kassel
Tel.: 0561/898889

Mädchentreff Kiel
Rendsburger Landstr. 29
2300 Kiel
Tel.: 0431/685870

Wildwasser Köln
Selbsthilfegruppe
über KISS
5000 Köln 41
Tel.: 0221/527081

Wildwasser Ludwigshafen
Frauencafe
Schützenstr. 26
6700 Ludwigshafen
Tel.: 0621/565721

Wildwasser Marburg
Beratungsstelle
Postfach 2329
Robert-Koch-Str. 19
3550 Marburg
Tel.: 06421/63183

IMMA – München
Mädchenhaus
Baldestr. 8
8000 München 5
Tel.: 089/2014770
Mädchenhaus München
Zufluchtstelle
Tel.: 089/183609

Notruf und Beratung für
vergewaltigte Frauen und
belästigte Mädchen und Frauen
e. V.
Prüfeningerstr. 32
8400 Regensburg
Tel.: 0941/24171

Wildwasser Stuttgart
Selbsthilfegruppe
c/o Frauenzentrum
Kernerstr. 31
7000 Stuttgart
Tel.: 0711/296432

Wildwasser Wiesbaden
Verein gegen sexuellen
Mißbrauch
Beratungsstelle für Mädchen und
Frauen
Walluferstr. 1
6200 Wiesbaden
Tel.: 06121/808619

Wildwasser Würzburg
Selbsthilfegruppe
Petrinistr. 15
8700 Würzburg
Tel.: 0931/284180

Literaturverzeichnis

BAKER AW & DUNCAN SP *(1985) Child sexual abuse:* A study of prevalence in Great Britain. Child Abuse and Neglect 9: 457–467

BAURMANN MC *(1983) Sexualität, Gewalt und psychische Folgen.* Eine Längsschnittuntersuchung bei Opfern sexueller Gewalt und sexuellen Normverletzungen anhand von angezeigten Sexualkontakten. Bundeskriminalamt, Forschungsreihe Bd. 15, Wiesbaden

BENWARD J ET AL *(1975) Incest as a causative factor in antisocial behavior:* an exploratory study. Contemporary Drug Problems 1:323-340

BLICK LC & PORTER FS *(1982) Group therapy with female adolescent incest victims.* In: Sgroi, SM (1982) Handbook of clinical intervention in sexual abuse. Lexington Books. Lexington, 147–175.

BROWNMILLER S *(1980) Gegen unseren Willen.* Vergewaltigung und Männerherrschaft. Fischer, Frankfurt

BURGESS AW & HARTMAN CR *(Eds.) (1986) Sexual exploitation of patients by health professionals.* Praeger, New York

CABANIS D *(1979/80) Zeugenbegutachtung.* Theorie-Praxis. Forensia 1

CAROZZA PM & HEIRSTEINER CL *(1982) Young female incest victims in treatment:* Stages of growth seen with a group art therapy model. Clinical Social Work Journal 10:165–175.

CLAMAN JM *(1987) Mirror hunger in the psychodynamics of sexually abusing therapists.* The American Journal of Psychoanalysis 47:35–40

DE FRANCIS V *(1965) Protecting the child victims of sex crimes.* American Humane Association, Childrens Division, Denver (Colorado)

DEIGHTON J & MCPEEK P *(1985) Group treatment:* adult victims of childhood sexual abuse. Social Casework 66:403–411

DE JONG AR ET AL *(1983) Epidemiologic variations in childhood sexual abuse.* Child Abuse and Neglect 7:155–162

EHRHARDT H & VERBEET E *(1987) Den Feind beim Namen nennen.* Sexuelle Gewalt gegen Mädchen. In: Beiträge zur feministischen Theorie und Praxis. Heft 20, 37–49

ERNST S & GOODISON L *(1981) Selbsthilfe – Therapie.* Ein Handbuch für Frauen. Frauenoffensive, München

FINKELHOR D (1984) *Child sexual abuse.* New theory and research. The Free Press, New York

FRANK F & STACHIW A (1984) *Neue Handlungsmöglichkeiten an der Kinderklinik* – dargestellt an einem Fall von sexuellem Mißbrauch. In: Brinkmann W & Honig SM (Hg.) Kinderschutz als sozialpolitische Praxis. München 214–260

FURNISS T *(1986a) Diagnostik und Folgen von sexuellem Kindesmißbrauch.* Monatszeitschrift für Kinderheilkunde 134:335–340

FURNISS T *(1986b) Sexuelle Kindesmißhandlung:* Diagnostik. Münchener Medizinische Wochenschrift 128:37–39

GAGLIAMO CK *(1987) Group Treatment for sexually abused girls.* Social Casework 68(2):102–108

GIARETTO H *(1976) The treatment of father-daughter Incest.* A psychosocial approach. Children Today 34:2–35

GOODMAN B & NOWAK SCRIBELLI D *(1985) Group treatment for women incestously abused as children.* Int. J. Group Psychother. 35:531–544

GORDY P *(1983) Group work that supports adult victims of childhood incest.* Social Casework 64:300–307

GROTH AN *(1982) The incest offender.* In Sgroi, S.: Handbook of clinical intervention in child sexual abuse. Lexington Books, Lexington 1982, 215–239

HAZZARD A & KING HE & WEBB C *(1986) Group therapy with sexually abused adolescent girls.* American Journal of Psychotherapy Vol. XL, 2:213–223

HERMAN JL & HIRSCHMAN L *(1981) Father-daughter incest.* Harvard University Press, Cambridge

HERMAN J & SCHATZOW E *(1984) Time-limited group therapy for women with a history of incest.* Int. J. Group Psychother. 34:605–616

HIRSCH M *(1987)* REALER INZEST. *Psychodynamik des sexuellen Mißbrauchs in der Familie.* Springer, Berlin

KAVEMANN B & LOHSTÖTER I *(1984) Väter als Täter.* Rowohlt, Reinbek

KAVEMANN B & LOHSTÖTER I *(1985) Berufsgruppe.* Eigene Barrieren überwinden – für Mädchen tätig werden. In: Sexueller Mißbrauch von Mädchen – Strategien zur Befreiung. Neue Materialien vorgestellt auf der Fachtagung im Wannseeheim für Jugendarbeit Berlin, S. 18–32

KEMPE RS & KEMPE HC *(1980) Kindesmißhandlung.* Klett-Cotta, Stuttgart

KINDERSCHUTZZENTRUM BERLIN *(1984) Kindesmißhandlung – Erkennen und helfen.* Eine praktische Anleitung. Erarbeitet vom Kinderschutzzentrum Berlin. Hg.: Bundesministerium für Jugend, Familie und Gesundheit, Bonn

KRÜLL M *(1979) Freud und sein Vater.* Die Entstehung der Psychoanalyse und Freuds ungelöste Vaterbindung. CH Beck, München

MASSON JM *(1984) Was hat man dir, du armes Kind getan?* Sigmund Freuds Unterdrückung der Verführungstheorie. Rowohlt, Reinbek

MEISELMAN KC *(1978) Incest: A psychological study of causes and effects with treatment recommendations.* Jossey-Bass, San Francisco

METZ-GÖCKEL S *(o. J.) Gewalt gegen Frauen:* Warum Frauen besser von Frauen beraten werden. Wissenschaft und Zärtlichkeit 41–48

NIELSON T *(1983) Sexual abuse of boys:* Current perspectives. The Personnal and Guidance Journal 11, 139–142

PETERS J *(1976) Children who are victims of sexual assault and the psychology of the offenders.* American Journal of Psychotherapy 30, 398–421

PIERCE R & PIERCE LH *(1985) The sexually abused child:* A comparison of male and female victims. Child Abuse and Neglect 9, 191–199

RIJNAARTS J *(1988) Lots Töchter.* Über den Vater-Tochter-Inzest. Claassen, Düsseldorf

ROGERS CR *(1983) Therapeut und Klient.* Fischer, Frankfurt

ROTHEN J *(1988) Die Folgen von sexuellem Mißbrauch an Mädchen und Möglichkeiten ihrer Verarbeitung.* In: Sexueller Mißbrauch ist Gewalt. Dokumentation eines Öffentlichkeitsprojektes. Hg: Wildwasser Wiesbaden e. V., Nexos, Frankfurt

RUSH F *(1982) Das bestgehütete Geheimnis:* Sexueller Kindesmißbrauch. Subrosa, Berlin

RUSSEL DEH *(1984) Sexual exploitation.* Rape, child sexual abuse and workplace harassment. Sage Publications, Beverly Hills

RUSSEL DEH *(1986) The secret trauma.* Incest in the lives of girls and women. New York

SCHWÄBISCH L & SIEMS M *(1974) Anleitung zum sozialen Lernen für Paare, Gruppen und Erzieher* Rowohlt, Reinbek

SCHEFFLER S *(1986) Feministische Therapie.* «...sich das Recht nehmen, nein zu sagen.» Interview mit Michaela Huber. Psychologie Heute 12/3:34–37

SCHEFFLER S *(1988) Strukturelle Gewalt und Sozialisation von Mädchen in der Familie.* In: Dokumentation zur Fachtagung: «Sexueller Mißbrauch von Mädchen und Frauen.» November 1987 in Köln. Hg: Verein zur Weiterbildung für Frauen e. V. in Köln

SGROI S *(1982) Handbook of clinical intervention in child sexual abuse.* Lexington Books, Lexington.

SILVERMAN D *(1977) Frist do no more harm:* Female rape victims and male counselor. American Journal of Orthopsychiatry 47:91–97

SNOWDON R *(1982) Working with incest offenders.* Aegis 35.

STANZEL G *(1987) Wildwasser Wiesbaden e. V.;* Faltblatt: Information für Mädchen und Frauen

STEINHAGE R *(1985) Auswirkungen der sexuellen Gewalterlebnisse im Leben der Mädchen und Frauen.* In: Sexueller Mißbrauch von Mädchen – Strategien zur Befreiung. Neue Materialien vorgestellt auf der Fachtagung im Wannseeheim für Jugendarbeit Berlin, S. 40–54

STEINHAGE R *(1987a) Sexueller Mißbrauch an Kindern in der Familie und seine Folgen – gesellschaftliche und soziale Aspekte.* In: Familie und soziale Arbeit. Deutscher Verein für öffentliche und private Fürsorge, Frankfurt, S. 305–325

STEINHAGE R *(1987b) Weghören, Anzeigen oder Beraten – zur therapieorientierten Einschätzung von sexuellem Mißbrauch.* GwG-Zeitschrift 66:89–90

STEINHAGE R *(1988a) Betreuungs- und Beratungsangebote, konkrete Hilfen für betroffene Mädchen und Frauen.* In: Dokumentation zur Fachtagung: «Sexueller Mißbrauch von Kindern» am 26. 11. 1987 in Karlsruhe. Hg.: Jugendamt der Stadt Karlsruhe

STEINHAGE R *(1988b) Sexueller Mißbrauch an Mädchen in der Familie.* Die Situation der Mütter betroffener Mädchen. In: Dokumentation der Fachtagung: «Sexueller Mißbrauch von Mädchen und Frauen.» November 1987 in Köln; Hg.: Verein zur Weiterbildung für Frauen. Köln

TRAUERNICHT G *(1983) Ausbruchversuche von Mädchen.* Ursachen und Bedeutung der Familien- und Heimflucht. ISA: Materialien und Berichte. Münster, S. 181–207

TRUBE-BECKER E *(1982) Gewalt gegen das Kind.* Kriminalistik Verlag, Heidelberg

TSAI M & WAGNER NN *(1978) Therapy Groups for women sexually molested as children.* Archives of Sexual Behavior 7:421–427

VOGT C *(1988) Körperliche und psychische Auswirkungen des sexuellen*

Mißbrauchs bei Kindern. In: Dokumentation zur Fachtagung: Sexueller Mißbrauch von Kindern am 26. 11. 1987 in Karlsruhe. Hg.: Jugendamt der Stadt Karlsruhe.

ZENZ G *(1981) Kindesmißhandlung und Kindesrechte.* Erfahrungswissen, Normstruktur Entscheidungsrationalität. Suhrkamp, Frankfurt

frauen aktuell

Herausgeber Ingke Brodersen · Freimut Duve
Begründet von S.v. Paczensky

aktuell roro

Eine Auswahl

Saliha Scheinhardt

FRAUEN AKTUELL
Kindheit in Anatolien

**Träne für Träne
werde ich
heimzahlen**

rororo aktuell 12234

Marianne Arlt
Alptraum Schule
Aus dem Tagebuch
einer Mutter (12514)

Theresia Brechmann
Jede dritte Frau
Protokoll einer Vergewaltigung (12137)

Ingrid Häusler
Kein Kind zum Vorzeigen?
Bericht über eine
Behinderung (4524)

Katrin Hoffmann-Walbeck
Susanne Prior (Hg.)

FRAUEN AKTUELL
Der Weg ins Asyl - Frauen erzählen

**Mein Leben
ist wie ein
fremder Fluß**

rororo aktuell 12380

Barbara Kavemann /
Ingrid Lohstöter
Väter als Täter
Sexuelle Gewalt gegen Mädchen «Erinnerungen sind
wie eine Zeitbombe»
rororo aktuell 5250

Ruth Weiss (Hg.)
**Frauen gegen
Apartheid**
Zur Geschichte des politischen
Widerstandes von Frauen

rororo aktuell 5914

Heike Mundzeck
**«Als Frau ist es wohl
leichter, Mensch zu werden»**
Gespräche mit Dorothee Sölle,
Margarethe von Trotta, Heidemarie Wieczorek-Zeul
rororo aktuell 5354
Drei Frauen beschreiben ihre
Lebenswege: ihre Kindheit,
was ihnen geschenkt wurde,
was sie sich hart erringen
mußten und was sie weiterhin erwarten.

Dorothee Pass-Weingartz
Gisela Erler (Hg.)

FRAUEN AKTUELL
Die neue Frauen-Bewegung

**Mütter an die
Macht**

rororo aktuell 12513

A. Baumgartner-Karabak/
G. Landesberger
Die verkauften Bräute
Türkische Frauen zwischen
Kreuzberg und Anatolien
rororo aktuell 4268

Christine Swientek
**«Ich habe mein Kind
fortgegeben»**
Die dunkle Seite der
Adoption.
rororo aktuell 5119

**Das trostlose
Leben der
Karin P.**
Geschichte
einer Pennerin
rororo aktuell 5633

Awa Thiam
**Die Stimme der
schwarzen Frau**
Vom Leid der Afrikanerinnen.
rororo aktuell 4840

Barbelies Wiegmann

Frauen aktuell

**Ende
der Haus-
frauenehe**

aktuell roro

Plädoyer gegen eine
trügerische Existenzgrundlage

rororo aktuell 4530

Claudia von Werlhof/
Maria Mies/Veronika
Bennholdt-Thomsen
**Frauen, die letzte
Kolonie**
Zur Hausfrauisierung
der Arbeit (12239)

C 2173/7

Soziale Konflikte

Petra K. Kelly (Herausgeberin)
Viel Liebe gegen Schmerzen
Krebs bei Kindern (5912)

Frank Matakas
Sprünge in der Seele
Psychische Erkrankungen und was man
dagegen tun kann
Ein Handbuch (12516)

Klaus Pacharzina (Herausgeber)
AIDS
und unsere Angst (5741)

Christine Swientek
«Ich habe mein Kind fortgegeben»
Die dunkle Seite der Adoption (5119)

Jürgen Wolff/Sabine Mehlem/
Stefan Reiß
Rechtsratgeber AIDS
Konfliktfälle im Alltag (12471)

Herausgeber
Ingke Brodersen
Freimut Duve

C 2009/12

5633

12517